姜昊林　张晓春　檀兴胜　胡肖凡/著

创新管理：
新质生产力
与数字化转型的融合

Innovation Management:
the Integration of New Quality Productive Forces
and Digital Transformation

中国财经出版传媒集团

经济科学出版社
Economic Science Press

·北京·

图书在版编目（CIP）数据

创新管理：新质生产力与数字化转型的融合／姜昊林等著 . －－北京：经济科学出版社，2024.6. －－ISBN 978－7－5218－5997－3

Ⅰ. F273.1

中国国家版本馆 CIP 数据核字第 2024JE0846 号

责任编辑：杜　鹏　武献杰　常家凤
责任校对：易　超
责任印制：邱　天

创新管理：新质生产力与数字化转型的融合
CHUANGXIN GUANLI：XINZHI SHENGCHANLI YU SHUZIHUA ZHUANXING DE RONGHE
姜昊林　张晓春　檀兴胜　胡肖凡　著
经济科学出版社出版、发行　新华书店经销
社址：北京市海淀区阜成路甲 28 号　邮编：100142
编辑部电话：010－88191441　发行部电话：010－88191522
网址：www. esp. com. cn
电子邮箱：esp_bj@163. com
天猫网店：经济科学出版社旗舰店
网址：http：//jjkxcbs. tmall. com
固安华明印业有限公司印装
710×1000　16 开　14.25 印张　220000 字
2024 年 6 月第 1 版　2024 年 6 月第 1 次印刷
ISBN 978－7－5218－5997－3　定价：98.00 元
（图书出现印装问题，本社负责调换。电话：010－88191545）
（版权所有　侵权必究　打击盗版　举报热线：010－88191661
QQ：2242791300　营销中心电话：010－88191537
电子邮箱：dbts@esp. com. cn）

前　言

　　在数字纪元的深度融合阶段，新质生产力正逐渐成为推动经济社会发展的决定性力量。从经济新常态到新质生产力的提出，不仅彰显了我国经济发展思路的连贯性和前瞻性，更体现了国家层面对未来经济发展的深刻洞察和科学规划。作为新质生产力的核心要素，科技创新不仅催生了战略性新兴产业和未来产业，还引领着传统产业的深刻变革。在全球数字经济的大潮中，我国的制造业仿佛站在了一个历史的分水岭上，一边是波澜壮阔的数字化转型之路，另一边是遗留的传统模式的沉沦。通过数字技术的应用，制造业得以实现大规模定制、服务型制造等创新模式，从而改变企业创造价值的路径，提升了决策效率和准确性，降低了运营成本，提高了运营效率和创新绩效。然而，如何明确数字化转型和组织创新能力对创新绩效的具体影响，仍是当前研究的重要课题。随着探索的深入，新质生产力将与数字化转型更紧密融合，共同推动产业的前行。在新质生产力的理论光谱下，我们看到的不仅仅是技术的新旧更迭，更是一场涉及组织结构、文化和管理模式的全面变革的盛宴。在这场变革的盛宴中，组织创新能力的表现无疑是精彩的独奏，它关系到企业如何在资源整合的交响曲中找到自己的位置，如何在激发员工创造力的协奏曲中展现风采，以及如何在构建开放、灵活的创新生态系统的合唱中和声悠扬。

　　一直以来，制造业是中国经济增长的基石，制造企业是中国经济发展的重要主体，而智能制造企业则代表着该行业的尖端，引领着整个制造领域向高质量发展迈进。对于智能制造企业而言，进行数字化转型和组织创新是把握时代趋势、维持自身生命力和形成竞争优势的重要路径。因此，把握我国企业数字化转型的发展趋势，精准识别智能制造企业在数字化转型过程中的发展动态，确保其转型策略与组织结构的有效对接，对在激烈的市场竞争环境下提高企业的活力、优化经济结构以及促进产业转型升级都具有现实意义。

与此同时，创意经济和工业设计在推动智能制造企业发展中的作用也日益凸显。创意经济依靠创新和创意的力量，不仅推动了新兴产业的发展，也促进了传统产业的转型升级。而工业设计则在创意经济的框架下，通过增强产品的功能性、美观性和用户体验，推动产品和服务的创新，为智能制造企业提供了创新增长的新途径。这些转变不仅加强了产品的市场竞争力，也是企业数字化转型过程中不可或缺的组成部分。对于智能制造企业而言，将工业设计和创意经济的理念融入数字化转型和组织创新的努力中，是把握时代趋势、维持竞争优势的关键。当前，围绕智能制造企业创新绩效的影响因素的研究相对有限，尤其是数字化转型、市场竞争强度与创新绩效之间的具体作用机制尚未得到充分探讨。因此，本书立足于智能制造企业的实际情况，旨在深入剖析这些关键要素之间的内在联系，以期为企业提供有力的理论支撑和实践指导。

本书的主要关注点在于数字化转型、组织创新能力对创新绩效的影响及其影响机制。研究内容包括数字化转型对企业创新绩效的直接影响和间接影响、组织创新能力对企业创新绩效的直接影响和间接影响、市场竞争强度对企业创新绩效的影响以及市场竞争强度在数字化转型和组织创新能力对企业创新绩效的影响中展现出的中介作用。主要研究内容是验证并解释数字化转型、组织创新能力对智能制造企业创新绩效的影响及其影响机制，随后分析市场竞争强度在数字化转型和组织创新能力对企业创新绩效的影响中发挥的中介作用，从而提出智能制造企业进行数字化转型、提升组织创新能力和企业创新绩效的方法。

研究方法涵盖文献综述、探索性案例研究、问卷调查与实证分析，构建了一个全面的研究框架。首先，文献综述为理论构建提供基础，梳理了数字化转型、组织创新能力等相关概念。其次，通过选取三家具有代表性的智能制造企业进行案例研究，识别了关键变量的相互作用关系。在问卷调查阶段，基于成熟量表调整优化问卷，确保其科学性与适用性。最后，利用收集的数据进行信效度分析和多元线性回归模型分析，通过 SPSS 26 和 AMOS 软件验证研究模型和理论假设的有效性，为智能制造企业的数字化转型和组织创新提供理论指导和实践建议。

通过探索性案例研究和实证分析，本书得出以下结论：一是数字化转型对智能制造企业创新绩效的提升具有积极影响；二是组织创新能力对智能制造企业创新绩效的提升具有积极影响；三是数字化转型可以提升市场竞争强度；四是组织创新能力可以提升市场竞争强度；五是市场竞争强度有助于提升企业创新绩效；六是市场竞争强度是数字化转型影响企业创新绩效的路径；七是市场竞争强度是组织创新能力影响企业创新绩效的路径。同时，笔者分别对战略性、运营性和技术性三类数字化转型发展模式进行了详细梳理，随后提出了企业具体的数字化转型路径，并着重强调了智能制造企业独特的数字化转型体系。最后，本书针对当前国内数字化转型发展现状及趋势提出了面向顶层设计与战略规划、政策支持与财政扶持、人才培养与技术创新这三个方面的政策建议。

本书创新点包括视角创新、模型构建创新和分析方法创新。视角创新在于引入市场竞争强度作为中介变量，并将因变量划分为多个维度；模型构建创新是指在文献整理之后，为了完善理论模型的内容和提高模型的科学性，本书借助探索性案例分析与文献阅读理论梳理相结合的方法构建理论模型，走访符合条件的智能制造企业，从访谈材料中提炼数据，对数据进行编码处理，总结变量间的作用机制；分析方法创新是指本研究通过将定性分析与定量分析相结合，利用结构方程模型和 Bootstrap 检验，深入揭示了各变量维度对创新绩效的具体作用。

作者

2024 年 5 月

目 录

第一章　绪论

本章主要说明研究背景以及相关的概念、理论界定，同时，分析本书的研究重点以及研究意义，明确需要用到的研究方法、技术路线以及结构，对本书研究涉及的数字化转型、组织创新能力和创新绩效等核心概念进行界定，同时说明本书研究的创新点。

第一节　研究背景

数字经济逐渐成为热点话题，世界各国的企业都逐渐被卷入数字经济的浪潮中，我国的制造业也正处在数字化转型的重要阶段。中国是制造大国，制造业占据了很大的市场地位，2023 年，中国制造业增加值占全球比重约30%，连续 14 年位居全球首位[①]，可见制造业作为国民经济的主体，是支撑经济增长、稳定就业的重要支撑力量。然而，大数据、互联网等先进技术的迅猛发展，正在重塑制造业的生产方式、商业模式和竞争格局，全球市场竞争强度在不断提升，传统的生产模式已经不能满足市场经济的发展。在这一背景下，新质生产力这一概念应运而生，并成为推动以科技创新引领产业全面振兴和以产业升级构筑新竞争优势、赢得发展主动权的核心力量。

而数字技术作为一种全新的生产力要素，正在与制造业深度融合，催生出智能制造、个性化定制、服务化制造等创新业态和模式，为企业带来了创造价值的全新路径。随着数字技术深度融合到制造业的每一个

---

① 陈乐一. 中国经济回眸、展望与政策选择［J］. 中国经济报告，2024（1）：36 - 46.

环节，工业设计和创意经济的角色变得愈发重要。工业设计作为连接技术革新与市场需求的纽带，不仅关乎产品的外观设计，更深入到用户体验、产品功能的优化以及生产过程的创新之中。这一领域的革新，特别是在数字化背景下，强调了设计思维在解决复杂问题和满足终端用户需求中的核心作用。设计师们现在能够利用高级数据分析、人工智能等数字工具，进行更为精细和前瞻性的市场需求分析，以此指导产品设计，使产品不仅满足当前市场的需求，还能预见并塑造未来的市场趋势。

此外，创意经济作为推动现代经济发展的新引擎，强调了知识、信息和创意的价值。在制造业中，创意经济的融入促进了从传统生产向以设计和创意为核心的产业转型，这一转型不仅体现在产品设计上，更体现在商业模式、市场营销策略等方面的创新上。企业开始更加注重品牌故事的讲述，用户体验的整合，以及通过数字平台与消费者的互动，这些都是创意经济理念在制造业转型升级过程中的具体体现。

在此过程中，数字技术为实现这些创新提供了可能。例如，通过大数据分析，企业能够深入理解消费者行为，定制化产品设计和生产成为可能。互联网和社交媒体平台的运用，使得与终端用户的直接交流和反馈收集变得更加便捷，进一步推动了产品和服务的个性化发展。同时，数字制造技术如3D打印、数字双胞胎等，不仅加速了产品从设计到生产的过程，还提高了生产的灵活性和效率。通过这样的深度融合，工业设计和创意经济不仅提升了制造业的产品竞争力，更是推动了商业模式和组织结构的创新，这对于企业而言，意味着其在全球化竞争中能够获得新的优势。因此，对于制造业而言，深入理解并积极拥抱工业设计和创意经济的融合，已经成为实现数字化转型、驱动新质生产力发展的重要策略之一。数字技术的广泛应用不仅提升了企业决策的时效性和精准性，更降低了企业的运营成本，提高了企业的运营效率和创新绩效。

由于数字化转型与新质生产力之间存在相互促进、协同发展的关系，两者正在相互融合、相互促进，共同推动企业的变革和社会的进步。一方面，数字化转型通过技术创新、业务模式创新和组织结构优化等方式推动新质生产力的发展；另一方面，新质生产力的发展也为数字化转型提供了市场需求、技术应用拓展和人才培养等方面的支持和保障。

不难发现，智能制造作为制造业转型升级的重要方向，正成为这一变革浪潮中的领军力量。智能制造不仅充分利用了数字技术带来的全新生产力要素，更通过深度融合创新业态和模式，为制造业的未来发展打开了新的大门。因此，对于智能制造企业而言，如何充分认识并把握数字化转型与新质生产力之间的内在联系和规律，制定科学合理的战略规划和发展路径，不仅注重技术的更新和应用，同时关注产品设计的创新性、用户体验和市场需求，提高组织协同创新能力，从而更有效地实施数字化转型，已成为当前的重要议题。

一、现实背景

新质生产力是创新起决定性作用，摆脱传统经济增长方式、生产力发展路径，具有高科技、高效能、高质量特征，符合新发展理念的先进生产力质态。新质生产力的"新"，指的是应用新技术、开发新模式、涉足新产业、拓展新领域、激发新动能；而"质"则涵盖物质、质量、本质、品质等方面。这不是仅仅对现有生产力的简单提升，而是一个通过创新和变革，实现生产力质的飞跃的过程。新质生产力的发展，需要依靠科技创新和制度创新，通过提高全要素生产率，实现经济的高质量发展。同时，新质生产力也需要与传统生产力相结合，共同推动经济社会的发展。

新质生产力的发展，紧密依托于科技创新和制度创新的双轮驱动，致力于通过全要素生产率的提高，推动经济向高质量发展转型。在这一过程中，工业设计作为创新的重要组成部分，不仅是新质生产力的体现，更是激发新动能、推动产业升级的关键力量。广义的工业设计不仅关注产品的外观设计，更深入到产品的功能性、可用性和用户体验的设计，通过研究用户的需求和行为，结合最新的技术创新，为产品赋予新的生命力。在智能制造的大潮中，工业设计通过与5G、物联网、大数据和人工智能等前沿技术的深度融合，推动了制造流程的数字化、自动化和智能化升级，使得产品不仅能满足当前的市场需求，更能预见并引领未来趋势。此外，工业设计还关注产品生命周期的每一个环节，从原材料的选择、生产过程的优化到产品的回收利用，强调可持续发展和环保理念，这也正符合新质生产力对高效能、高质量特征的要求。

创意经济，则是新质生产力背景下的另一大支柱。它以知识、技术和创意的融合为基石，为经济增长和社会发展注入了新的活力。在制造业领域，越来越多的企业正积极探索以创意为核心的新型商业模式，以便更好地应对快速变化的市场环境，满足消费者对个性化产品和服务的日益增长的需求。以数据分析为例，企业可以深入洞察消费者的喜好与偏好，从而为他们提供定制化和个性化的产品与服务。这种策略不仅显著提升了顾客满意度，也大幅提高了产品附加值。此外，创意经济还推动了跨行业的协作与融合，例如将艺术设计、文化创意融入产品开发和市场营销中，不仅可以丰富产品的美学和文化价值，还能帮助企业开拓新的市场领域，并实现业务的多元化发展。创意经济以其独有的魅力，正在引领着经济增长和社会发展的新趋势。

新质生产力的崛起，正是我国制造业向"智能化"方向发展的强大动力。当前，我国越来越多的传统制造企业紧跟时代步伐，在工业设计的深度整合和创意经济的创新驱动下，通过引入数字技术和智能化设备，成功转型升级为"智能制造企业"。所谓智能制造，是指通过深度融合5G、物联网、大数据、人工智能等前沿技术，对传统制造流程进行数字化、自动化和智能化的全面升级。这种升级不仅涵盖新材料、新能源、通信设备，广泛涉及智能家电等行业的上下游企业。

智能制造的实践表明，工业设计和创意经济的融合为制造业提供了强大的创新动力和发展潜力，是推动新质生产力发展、实现经济社会全面振兴的关键路径。智能制造的崛起不仅促进了生产流程的智能化，更推动了制造业产业链的整体升级。一方面，智能制造技术的应用使得传统制造业的生产效率得到显著提升，成本得到有效控制，从而增强了我国制造业在全球市场的竞争力；另一方面，智能制造也催生了新的业态和模式，为制造业的创新发展提供了广阔空间。例如，基于大数据和人工智能技术的智能供应链管理，实现了对供应链各环节的精准把控和优化，提高了供应链的响应速度和协同效率。

2015年以来，我国在智能制造、"互联网＋"先进制造业以及工业互联网等领域连续推出多项重大政策，这些政策与技术能力的迅猛提升相结合，特别是网络支撑和平台建设的飞速进展，共同推动制造业数字化成为助力创新设计、引领企业生产和运营模式的颠覆性变革力量，智能制造行业产值在近几年内稳定上涨。2023年，我国高技术制造业增加值对规模以上工业增加值的贡献达15.7%，装备制造业增加值对规模以上工业增加值的贡献达33.6%。① 随着我国经济回升向好以及政策的不断发力，我国新质生产力加快形成，新技术、新业态、新产业等新增长点蓬勃发展，以"新三样"（即电动载人汽车、锂离子蓄电池和太阳能电池）为代表的新兴产业，经过多年技术积累和产业培育，在国际市场上已具备较强的竞争力，产品的产量连续多年保持世界第一。根据海关总署的最新数据，2023年，我国"新三样"产品合计出口1.06万亿元，首次突破万亿元大关，增长了29.9%②，新质生产力的新动能不断释放，展现了我国制造业不断升级的活力。

2021年，"十四五"规划中明确提出了数字经济治理的相关内容，如表1-1所示，《中华人民共和国国民经济和社会发展第十四个五年规划和2035年远景目标纲要》将"加快数字化发展 建设数字中国"单列成篇，提出"以数字化转型整体驱动生产方式、生活方式和治理方式变革"，为新时期数字化转型指明了方向。

表1-1 智能制造企业相关政策汇总

时间	政策或文件	内容
2023年8月	《关于开展2023年度智能制造试点示范行动的通知》	遴选一批智能制造优秀场景，以揭榜挂帅方式建设一批智能制造示范工厂和智慧供应链，在各行业、各领域选出一批排头兵企业，推进智能制造高质量发展
2022年5月	《关于开展携手行动促进大中小企业融通创新（2022~2025年）的通知》	开展智能制造试点示范行动，遴选一批智能制造示范工厂和典型场景，促进提升产业链整体智能化水平；深入实施中小企业数字化赋能专项行动，开展智能制造进园区活动

① 盛来运. 攻坚克难回升向好夯基蓄能向新而行——《2023年国民经济和社会发展统计公报》评读 [J]. 中国国情国力, 2024 (3): 4-7+2.
② 罗克研. 中国经济结构性转型升级消费类电子海外圈粉"新三样"强劲拉动出口 [J]. 中国质量万里行, 2024 (3): 60.

时间	政策或文件	内容
2021年12月	《"十四五"智能制造发展规划》	到2025年，规模以上制造业企业大部分实现数字化网络化，重点行业、骨干企业初步应用智能化；到2035年，规模以上制造业企业全面普及数字化、网络化，重点行业骨干企业基本实现智能化
2021年1月	《工业互联网创新发展行动计划（2021～2023年)》	到2023年，新型基础设施进一步完善，融合应用成效进一步彰显，技术创新能力进一步提升，产业发展生态进一步健全，安全保障能力进一步增强。工业互联网新型基础设施建设量质并进，新模式、新业态大范围推广，产业综合实力显著提升
2020年7月	《国家新一代人工智能标准体系建设指南》	到2021年，明确人工智能标准化顶层设计，研究标准体系建设和标准研制的总体规则；到2023年，初步建立人工智能标准体系，重点研制数据、算法、系统、服务等重点急需标准

注：根据中国政府网的信息整理。

在当前经济环境下，制造业企业进行数字化转型已不再是可选项，而是关乎生存与发展的"必答题"。面对市场竞争的激烈和消费者需求的日益多样化，我国传统制造业普遍面临着产能过剩的挑战。唯有通过数字化转型，企业才能有效提升自身的竞争优势，确保在市场中立于不败之地。在制造业企业数字化转型方面，要激活利用各种数字要素，通过深度融合互联网、大数据、人工智能、区块链等前沿技术，对生产方式进行根本性的变革。这种变革不仅要求加快信息基础设施建设，发展新一代信息数字技术，打好转型"地基"，还需要根据不同发展阶段的企业特点，量身定制适合的数字化解决方案，推动工业企业业务及设备上"云"，助力产业转型升级。

数字化转型不仅能显著提升经济效率，还能促进产业结构的优化升级。创意经济在此过程中提供了一个全新视角，它鼓励企业探索基于创意的新商业模式，这些模式往往能够更好地满足消费者的个性化需求，提升用户体验。在创新服务模式和优化服务手段方面，创意经济的理念可以帮助企业开发新的服务渠道，丰富消费者的选择，从而提升企业的市场适应性和灵活性。信息技术的变革创新、社会消费环境的需求变化以及社会运行模式的转变，共同构成了企业创新发展的"风向标"。因此，企业必须不断加强新技术应用创新，提高对业务创新的技术支撑能力，以适应日益变化的市场需求。其中就包括利用工业设计作为提升产品服务和内部流程创新的手段，优化用户体验，并增强企业的市场适应性。工业设计不仅关注产品的功能性和美观性，更重视其在整个生产和使用过程中的可持续性和环保性。在数字化转型过程中，企业则需要积极利用信息技术，丰富服务渠道、创新服务模式并优化服务手段，以提供与消费者新需求相适应的服务。同时，企业还应注重组织创新，调整内部结构和流程，以适应数字化转型带来的新要求。通过智能化制造流程和组织协同创新，加强内外部资源的整合与协同，形成数字化转型与新质生产力发展的良性互动机制，企业就能够克服转型过程中的困难，提升创新绩效，更好地应对外部挑战。

总之，数字化转型与组织协同创新是我国智能制造业企业核心竞争力的必经之路。在新质生产力的推动下，企业必须坚定不移地走在这条道路上，不断探索和实践适合自身发展的数字化转型策略与创新路径。

二、理论背景

（一）数字化转型对智能制造企业的影响并不明确

目前关于数字化转型的研究内容已经较为丰富，但将数字化转型与智能制造企业相结合，深入探究其对智能制造企业作用机制的研究仍然较少。目前这方面研究主要集中于理论探讨和简单的案例研究。然而，随着数字化技术的不断发展和智能制造的深入推进，这一领域的研究正在逐渐丰富和深化，研究主要关注智能制造企业数字化转型的路径并非数字化转型的影响机制。

最新的研究显示，一些学者开始尝试利用先进的方法和技术对智能制造企业的数字化转型进行更精细化的刻画和分析。例如，王忠等（2024）利用基于深度学习的文本分类模型对智能制造企业的数字化创新专利进行了学习，进一步将数字化创新专利划分为设计重组和使用重组两类，以考察它们对智能制造企业高质量发展的影响及作用机制。而岳高峰等（2023）则提出了基于知识图谱技术的智能制造数据标准数字化转型方法，以满足智能制造标准的数字化、网络化、智能化发展要求。这些研究为我们更全面地理解数字化转型对智能制造企业的深远影响提供了新的视角和思路。

近年来，如谢卫红等（2023）从技术可供性视角出发，系统探讨了技术、行为主体和情境三个层面对智能制造企业数字化创新的多维影响。他们发现，数字化资源、首席信息官和区域数字经济环境为智能制造企业的数字化创新提供了强有力的支持。这一研究不仅揭示了数字化转型对智能制造企业创新的重要性，还为我们理解数字化转型的影响机制提供了新的视角。陈培全（2023）则深入探讨了数字化制造与工业互联网融合在智能制造中的关键作用。他分析了数字化制造和工业互联网在传统制造业中的应用现状及影响，并提出了相应的技术、管理和人才培养建议。这一研究为我们理解数字化转型与智能制造的融合提供了有益的思路。

在此之前，杨雅程等（2022）通过嵌入式案例研究、归纳式案例研究和探索式案例研究的方法，深入探究了智能制造企业如何通过数字化转型实现价值创造的逻辑，而刘洋等（2020）则对大量关于数字化转型管理的文献资料进行了整理，总结了数字化管理的理论逻辑和智能制造企业进行数字化转型的路径，池毛毛等（2020）构建了智能制造企业数字化转型、研发能力和产品开发绩效的理论模型，并通过实证研究方法探究了数字化转型对产品开发绩效的影响。

这一系列研究为我们理解数字化转型对智能制造企业绩效的影响提供了实证支持。智能制造企业的数字化转型不仅仅是简单地利用信息技术和重构业务流程，它更是一个受到市场环境、组织结构等多维度内外部因素共同影响的复杂过程。不同的数字化转型策略和实践对企业的影响也各具特点。因此，需要更加关注数字化转型对智能制造企业的实际影响和作用机制，以便为企业实践提供更具体的指导和启示。

（二）创新绩效的影响因素研究有待深入

企业创新绩效一直是管理学领域的研究热点，尤其是随着智能制造技术的兴起和发展，这一话题受到了越来越多的关注。早期的研究主要集中在企业的商业模式、企业文化、领导行为、技术转移等因素对企业创新绩效的影响，但随着时间的推移，研究焦点逐渐转向了智能化转型和智能制造对企业创新绩效的影响。

应里孟等（2020）较早地实证检验了智能制造对企业绩效的显著促进作用。他们发现，实施智能制造不仅有助于提升企业的财务绩效，还能显著提升企业的创新绩效。这一研究为后续探讨智能制造与企业创新绩效之间的关系奠定了基础。随后，陈金亮等（2021）从信息处理能力的视角出发，探讨了智能制造对企业创新绩效的促进作用。他们发现，研发投入的增加能够丰富企业的知识库，提高企业的吸收能力，从而强化智能制造与创新绩效的关系。这一研究揭示了研发投入在智能制造与创新绩效关系中的重要角色，为我们提供了新的视角和思路。赵慧娟等（2021）通过扎根理论的方法，对中小制造企业如何提升创新绩效进行了探索性研究。他们发现，数据驱动是中小制造企业提升创新绩效的有效途径之一，并归纳出了渐进式提升路径和突破式提升路径两种模式。这一研究不仅为我们提供了中小制造企业提升创新绩效的具体策略和方法，还进一步强调了数据在智能制造和创新绩效之间的桥梁作用。

最新的研究由侯翠梅和苏杭（2023）完成，其进一步深入研究了智能化转型对企业创新绩效的影响，并基于大规模调研数据，实证检验了智能化转型对企业创新绩效的显著正向影响，揭示了装备数字化能力和人员数字化能力在这一关系中的中介作用。这一研究为我们提供了更加深入的理解，即智能化转型如何通过提升企业的数字化能力来促进创新绩效的提升。

第二节　研究对象和研究问题

一、研究对象

本书的研究对象主要是智能制造企业，这些企业广泛涉及家电行业智能制造、工业大数据系统、信息与通信基础设施、互联家庭智能设备以及新能源汽车、轨道交通装备、云计算、显示面板等领域。随着技术的不断进步，无人机技术、电池智能制造、制药装备、数字安防、工程机械、数控机床、智能仓储以及智慧钢厂等也成为智能制造的重要应用领域。

怀特和布恩（Wright and Bourne，1988）最早在其著作《智能制造》（*Manufacturing Intelligence*）中提出了"智能制造"的概念，他们将智能制造定义为利用集成知识工程、制造软件系统及机器人视觉等技术，在没有人工干预的条件下，智能机器人独自完成小批量生产的过程。然而，随着新一代数字化技术的发展，智能制造的内涵已经得到了极大的扩展和深化。戚聿东和徐凯歌（2022）认为智能制造除了最早的定义中提到的自动化生产和无人化生产，在如今的市场背景下，最重要的意义在于实现由传统的大规模生产向定制化生产的转变，优化资源配置和生产效率。对于智能制造目前没有统一的定义，本研究认为，智能制造的核心在于将物联网、大数据、人工智能、5G 等新一代信息通信技术与先进的制造技术深度融合，对生产流程进行自动化、数字化、智能化、网络化的全面改造。这种改造使得智能化技术能够贯穿制造企业产品设计、生产、管理等所有环节，实现信息的自感知、自决策、自执行等功能，从而形成一种全新的企业运营模式。

近年来，关于智能制造的研究成果日益丰富。刘建丽和李娇（2024）指出，智能制造作为高阶制造业态和新型生产方式，已经成为新一轮工业革命的核心驱动力。他们强调了智能制造在推动我国制造业嵌入全球价值链高端中的关键支撑作用，并提出了加快智能制造装备、工业软件和智能制造系统解决方案高端化、智能化发展的建议。另外，韩蓄等（2023）则从工业韧性的角度探讨了智能制造的影响。他们通过研究发现，智能制造通过增进工业结构多样化和促进劳动力技能结构升级，显著提升了工业韧性，为产业链的稳定性和持续发展提供了新的动力。

二、研究问题

身处数字时代，国内企业逐渐意识到，以数字技术为核心的新质生产力已成为推动企业发展的重要引擎。国内多数智能制造企业已经深刻认识到数字化转型在企业发展中的必要性，但是企业在转型过程中仍然面临着严峻挑战，数字化转型需要大量的资源投入，但并非所有的资源投入都会获得回报，如果企业数字化转型没有抓住发展的重点，发力缺乏针对性，那么数字化转型便收效甚微，不能起到提升创新能力的作用。依托数字技术的发展成为企业生产经营以及获取核心竞争地位的重要力量，数字化转型改变了制造企业的价值创造逻辑（包括战略规划、生产流程、组织运营模式与外界的连接）。理论背景显示，数字化转型、组织创新能力以及市场竞争强度对企业创新绩效的影响机制还有待深入研究，以明确智能制造企业增强自身创新实力的途径，帮助智能制造企业提升创新绩效。学术界虽然分别出现针对数字化转型和组织创新能力的理论观点，但是其对企业创新绩效的影响机制需要进一步研究。本书主要围绕"智能制造企业如何在市场竞争中进行数字化转型和组织创新来提升企业创新绩效？"这一核心问题展开，主要的研究问题具体包括以下三个方面。

（一）数字化转型与企业创新绩效之间的关系

数字化转型是指企业通过创新应用数字化技术，推动企业在业务流程、组织管理、产品开发和生产经营等过程中实现数字化、智能化和自动化。因此，在企业资源有限的情况下，如何尽可能实现最佳的数字化效果，提升企业的创新能力，使企业高质量发展，数字化转型是否会促进智能制造企业创新绩效的提升，以及怎样进行数字化转型能够最有效地提升创新绩效，是本书研究的主要问题。

（二）组织创新能力与企业创新绩效之间的关系

组织创新能力反映了企业的职权划分、协作关系以及组织整体运营水平，组织创新能力强弱直接影响到企业创新活动的效率。一般而言，组织创新能力的意义在于帮助企业实现自身内部结构与外部环境变化的统一，根据市场环境的变化对企业内部各个组织要素进行创造性的调整，使企业克服资源的限制，用有限的资源打造企业的竞争优势。那么，组织创新能力具体是怎样促进创新绩效提升的、哪些组织创新是最重要的，以及怎样在数字化转型的背景下实现组织创新与企业数字化转型战略的匹配，这是本书研究中关注的重点问题。

（三）市场竞争强度是否在数字化转型、组织创新能力对创新绩效的影响中起到中介作用

一方面，企业数字化转型作为一种全方位的变革，涉及数字基础设施的投入、数字技术的应用、数字化业务模式的转变、数字化人才结构的调整等一系列的生产与运营环节的变革，更涉及各项资源的分配、重构、调整与利用，往往会对整个行业的竞争格局产生影响。每一个企业都是行业中复杂价值网络上的一个节点，当一个企业开始数字化转型，行业网络中的其他节点也不可能独善其身。当数字化转型的浪潮逐渐席卷整个行业，数字化思维会使整个行业的运行逻辑发生改变，行业的竞争强度便会发生变化。在不同的行业竞争强度下，企业能够感受到的创新动力是不同的。市场竞争可以激发企业的创新活力，促使其不断突破技术壁垒，以形成独特的竞争优势，从而在市场中脱颖而出。另一方面，随着组织创新能力的提升，企业能够更快地捕捉市场变化，采取措施把握并迎合消费者变化的需求，用户黏度随之提升，企业的产品成为消费者的首选，而消费者的支持成为了企业开展创新活动的动力。可见，市场竞争强度同样会影响企业的创新绩效。基于这一观点，研究认为，在分析数字化转型和商业模式创新会对企业绩效带来何种影响的过程中，有必要深入探讨动态能力的中介作用。

第三节　研究意义

本书的研究意义包括理论意义和现实意义，概括而言，本书在理论上丰富了智能制造企业创新绩效影响因素的研究，在现实层面帮助智能制造企业更高效地开展创新活动，提升企业竞争力。

一、理论意义

本书进一步丰富和深化了数字化转型、组织创新能力对创新绩效影

响的相关研究，为创新绩效影响因素的研究提供了新的研究视角。目前，智能制造企业创新绩效影响因素的研究还处于起步阶段，有关变量之间相互关系的研究较少，在文献整理之后，为了完善理论模型的内容，提高模型的科学性，本书研究中借助探索性案例分析与文献阅读理论梳理相结合的方法构建理论模型，走访符合条件的智能制造企业，从访谈材料中提炼数据，对数据进行编码处理，总结变量间的作用机制。大多数研究都仅使用定性研究方法，研究企业数字化转型的具体方法、组织创新的作用机制，使得研究内容的实践指导性相对较弱。为避免这一情况，本书采用定性与定量相结合的方法，根据理论分析和探索性案例研究建立相应的理论模型，并通过问卷调查收集问卷，在信效度检验基础上，应用多元回归模型分析数字化转型、组织创新能力对智能制造企业创新绩效的影响。本书从战略转型、数字资产和数字化平台的视角出发研究数字化转型对企业创新绩效的影响，丰富对数字化转型作用机制的研究；从组织创新和创新机制的视角出发，分析研究可以提升组织创新绩效的组织创新方向；以市场竞争强度为中介变量，研究数字化转型、组织创新能力对企业创新绩效的影响机制，丰富并完善了企业创新绩效提升的内在机制研究。

二、现实意义

在企业层面，本书研究了数字化转型、组织创新能力及其作用机制。研究发现，数字化转型、组织创新能力对智能制造企业的创新绩效具有正向影响。本书研究旨在为企业进行数字化战略转型、加强数字资产管理和建设数字化平台提供方向指导，为企业重构业务流程、优化企业运行逻辑提供参考，激发企业创新活力。在进行数字化转型的同时，本书也为企业进行组织创新运行机制提供了具体做法。研究结果表明，企业只有加强组织创新能力，才能为企业进行创新活动扫清障碍，最大程度提升创新活动的效率。研究结果还显示，市场竞争强度也在数字化转型和组织创新能力的影响中起到中介作用，所以企业在进行数字化转型和加强组织创新的同时，要正确看待市场竞争，提高用户黏度，将竞争压力转化为创新活动的动力，与同行业企业展开沟通与合作，促进企业创新绩效的增长。

在政府层面，智能制造企业创新绩效的提升是国家以及各级政府高度重视的问题，并就此出台了一系列措施对企业进行扶持与引导。本书研究不仅可以为企业提供建议，也可以为有关部门制定数字化转型、智能制造企业扶持的政策提供理论参考。例如，政府层面可以在企业配备数字化资产时给予补贴、引导行业竞争以及从促进行业内企业沟通协作等角度为智能制造企业提供有效的帮助。

第四节　研究方法、技术路线、结构安排

本节中具体明确了本书研究中所要使用到的研究方法，并对技术路线进行梳理，以便能更顺畅地进行研究。此外，还明确了本书的结构安排。

一、研究方法

本书采用文献研究方法、探索性案例研究、问卷调查法和实证分析法探讨数字化转型、组织创新能力对企业创新绩效的影响机理。首先，通过系统梳理现有理论和相关文献，并进行探索性案例分析，为研究框架的构建提供理论指引；其次，运用问卷调查法收集关于企业数字化转型、组织创新能力、市场竞争强度与创新绩效的相关数据；最后，实证检验理论框架中设计的研究假设。因此，本书通过文献研究梳理、探索性案例分析、问卷调查和实证检验的方法对研究内容的科学性与严谨性提供多重保证。

（一）文献研究法

文献研究法主要指研读相关研究领域的文献成果，通过对研究内容相关信息的收集分析，从而全面地掌握所要研究问题的一种方法。在研究过程中，通过查阅相关纸质或电子资料，对数字化转型、新质生产

力、组织创新能力、市场竞争强度和企业创新绩效等问题进行相应理论证据的收集。明确相关理论的主要研究内容以及未来可能的研究方向，并对所收集的资料进行梳理，同时就各个学者所提出的不同的观点进行分析研究，进而对变量间的影响机制进行深入探讨。从获取资料途径来看，主要包括网络和图书馆，其中，网络资料主要来自中国知网、emerald 等网络资料库。

（二）探索性案例研究

数字化转型、组织创新能力、市场竞争强度以及创新绩效的议题属于新兴的研究领域，鲜有研究进行探讨，需要借助探索性案例分析来理解什么是数字化转型、什么是组织创新能力，并梳理关于数字化转型、组织创新能力与创新绩效关系的研究命题，为后续的研究假设提供理论线索。本书选取具有代表性的三家智能制造企业作为研究对象，在研究过程中，本书特别关注工业设计和创意经济这两个要素如何作用于企业的数字化转型和组织创新过程，并探索它们对组织创新能力和市场竞争强度的双向互动，以及这些互动如何进一步影响企业的创新绩效。研究通过对案例的纵向分析，旨在识别企业数字化转型、组织创新能力、市场竞争强度和创新绩效的维度以及它们之间的相互作用关系，进而指引后续的大样本实证研究。

（三）问卷调查法

问卷调查法是本书研究中非常重要的研究方法，问卷调查法就是在确定了研究模型的基础上，根据变量间关系和变量的维度划分设计调查问卷，在已有成熟量表的基础上根据本书的研究要求进行量表调整，最终得到符合要求的调查问卷。本书研究中将问卷发放给符合条件的研究对象，并将填写好的问卷回收后对问卷收集的数据进行处理和分析。本书研究中的调查对象是智能制造企业，参考成熟的量表划分了各变量的维度，设计了李克特（Likert）五点量表，并根据研究内容进行了一些调整，在设计问卷的过程中，大量参考了已发表的研究成果，特别是充分参考现有博士论文中的现有问卷和相关内容，同时与商界同仁充分沟通，听取了他们的宝贵意见。问卷的发放和回收主要是在线完成，将问卷填写链接直接发送给相关企业，企业在线完成问卷的内容，其间数据直接上传并保存在服务器中。

（四）实证分析法

基于问卷调查所获取的样本数据，首先通过数据的信效度分析确认数据的可支撑性，其次通过建立多元线性回归方程模型运用 SPSS 26 分析变量之间的关系，最后建立结构方程模型，运用 AMOS 检验变量之间的作用以及整体模型的适配度情况，检验概念模型及理论假设是否成立。本书研究中梳理了大量的相关文献资料，并通过案例分析构建了研究框架，向符合条件的智能制造企业发放问卷并回收数据，运用统计分析软件，采用描述性统计分析、相关性分析、多元回归分析和结构方程模型分析检验假设是否成立，并对研究结果进行解释，最终得出相应的结论。实证检验进一步深化了理论模型，有助于提升研究结论的准确性与可靠性。

二、技术路线

通过对现有文献成果进行梳理总结，本书阐释了资源基础理论、动态能力理论、组织变革理论、委托代理理论和现代市场竞争理论的核心要义，明晰了企业数字化转型、组织创新能力、市场竞争强度和智能制造企业创新绩效的研究进展。在对文献整理的基础上，本书基于扎根理论对多个智能制造企业的案例进行深入分析研究，整合文献整理与案例探究的结论，从而提炼企业数字化转型、组织创新能力和企业创新绩效的关系，明确自变量、中介变量和因变量之间的作用机理，从而构建本书的研究模型，并提出研究假设。通过问卷设计和量表开发，收集研究所需的企业情况数据，采用描述性统计、信度效度检验、相关性分析、多元回归和结构方程模型方法验证提出的研究假设，并得到实证结果，据此展开分析与讨论。最后，结合我国企业数字化转型和商业模式创新的现实状况阐述本书的研究结论，并提出相应建议，对本书研究的局限性和未来研究方向进行说明。本书研究的技术路线如图 1-1 所示。

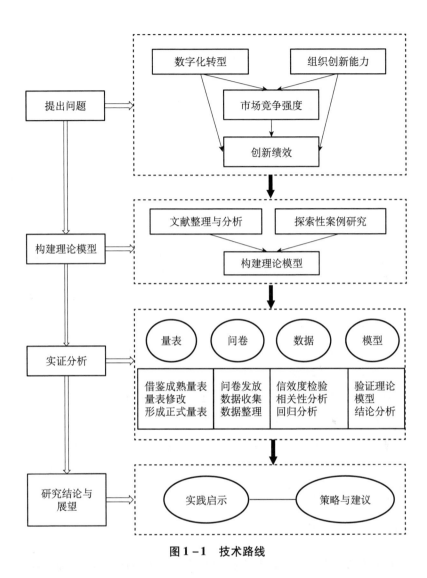

图 1-1　技术路线

三、结构安排

本书结构安排遵循下面的次序展开：提出问题确定研究主题、文献综述、探索性案例研究、理论推演和假设提出、实证研究及假设检验、研究结论及研究局限性。

第一章，绪论。详细介绍了本书研究的背景，并提出了相关问题。本章还阐述了研究的意义，对关键概念进行了界定，并详述了研究方法。此外，本章明确了研究对象及潜在的研究范畴，最后探讨了本书研究可能的创新点，并概述了全书的基本结构。

第二章，文献综述。围绕研究议题相关的理论进行了详尽的梳理，进一步对相关理论的发展演化过程以及局限性等进行了归纳和整理，并对相关研究的不足和局限性做了述评，为本书研究拓展了思路、明确了方向。

第三章，探索性案例研究。针对三家智能制造企业展开案例研究，运用扎根理论初步形成概念分析框架，并对主要变量之间关系提出预设。

第四章，变量间的作用机理。在探索性案例研究基础上展开理论和逻辑推导，并对智能制造企业数字化转型、组织创新能力、市场竞争强度与创新绩效之间关系进行了深入的探讨，对相关变量之间的关系进行定性分析并提出假设。

第五章，实证研究的方法论。具体方法包括问卷和量表设计、数据的收集、变量的信效度检验方法、各个变量之间的相关性分析方法，多元线性方法等，为进行实证分析和验证研究假设做准备。

第六章，实证研究。基于第五章获得的问卷数据进行数据分析，对研究假设的验证结果进行总结，并对相关结论进行解释和说明。

第七章，结论与展望。总结本书的研究结论并对智能制造企业提出相应的策略建议，阐述本书研究的局限性和未来研究方向。

四、主要的创新点

和已有研究相比，本书主要有视角创新、模型构建创新和分析方法创新三大创新点，具体内容如下：

（一）视角创新

本书研究的视角创新在于引入市场竞争强度作为中介变量，并将因变量划分为多个维度。现有研究大多关注数字化转型、组织创新能力对创新绩效的直接影响，为了进一步明确数字化转型与组织创新能力对创新绩效的作用机制，本书将数字化转型划分为战略转型、数字化平台和数字资产三个维度，将组织创新能力划分为组织创新和创新机制两个维度，将创新绩效也划分为管理创新、经营效率创新和市场创新，分别探讨变量与变量之间、维度与维度之间的作用关系。本书引入市场竞争强度作为中介变量，从市场竞争强度这一新视角探讨数字化转型、组织创新能力对企业创新绩效的影响机制，市场竞争也是企业进行创新活动时一个重要的影响因素，因此，本书试图将市场竞争引入研究框架，以厘清数字化转型、组织创新能力——市场竞争强度——创新绩效之间的逻辑关系。

（二）模型构建创新

智能制造企业创新绩效影响因素的研究处于起步阶段，有关变量之间相互关系的研究较少，尤其是组织创新能力与市场竞争的关系、数字化转型与市场竞争强度的关系这两方面的文献资料难以形成体系化的概念模型。在文献整理之后，为了完善理论模型的内容，提高模型的科学性，本书借助探索性案例分析与文献阅读理论梳理相结合的方法构建理论模型，走访符合条件的智能制造企业，从访谈材料中提炼数据，对数据进行编码处理，以总结变量间的作用机制。

（三）分析方法创新

多数研究对于数字化转型的问题均采用定性分析的方法，定量研究较少且定量研究采用的分析方法也较为简单。本书采用定性与定量相结合的思路，根据理论分析和探索性案例研究建立相应的理论模型，并通过问卷调查收集问卷，在信效度检验基础上，应用多元回归模型分析数字化转型、组织创新能力对智能制造企业创新绩效的影响。由于本书研究中涉及的变量维度较多，为了更好地验证模型的整体适配效果，本书运用结构方程模型对假设再次进行验证，使用 Bootstrap 检验方法验证中介作用，揭示出不同变量各个维度对创新绩效的具体作用效果。定性研究与定量研究相结合以及使用结构方程模型对假设进行验证的研究方法，使得本书研究具备一定的创新性。

第五节　本章小结

　　本章首先介绍了本书的研究背景，提出了本书研究主要关注的问题——智能制造企业数字化转型、组织创新能力和市场竞争强度怎样影响企业创新绩效，以及不同变量之间的作用机制是什么，并从理论意义和现实意义两个层次分析了研究意义；其次介绍了研究涉及的主要概念、研究方法、技术路线和本书的结构安排，为后续研究提供了研究大纲；最后列举了本书研究的创新点方法创新和视角创新。

第二章 文献综述

本章主要对研究涉及的理论基础进行介绍，包括资源基础理论、动态能力理论、组织变革理论、委托代理理论和现代市场竞争理论，然后对本书研究的核心概念即新质生产力、数字化转型、组织创新能力、市场竞争强度和创新绩效的相关文献资料进行整理与综述，提出了本书研究核心概念的界定，初步明确了研究内容、变量间关系以及理论模型构建。

第一节 相关理论基础

一、资源基础理论

资源基础理论是管理学研究中最经典的理论之一，近 20 年来被广泛应用于管理与组织研究中。资源基础理论的核心思想在于研究对于企业发展至关重要的稀缺资源，以及在复杂环境中对于资源的把握与应用。在本书研究中，资源基础理论能够对智能制造企业数字化转型、积累数字资产、组织管理以及市场竞争强度相关的研究内容起到解释作用。

资源基础理论起源于 20 世纪 50 年代，战争的结束使世界各地企业迎来了快速发展的机遇，当时的学者们都在探讨不同企业间产生绩效差异的原因。起初，学术界普遍认同总经理对企业的发展和盈亏有着至关重要的影响的观点，企业都着重于培养和聘请高素质的总经理。但是随着研究的深入，有一部分学者提出其他观点，他们认为，总经理的"高素质"特性是非常难界定的，此外，"高素质"的总经理虽然对于企业的持续经营和发展固然重要，但片面强调总经理的作用会导致企业忽视其他有助于提升绩效的因素。企业的独特能力是那些高绩效企业可以有效实现目标的主要原因，而总经理也属于企业的独特能力。彭罗斯（Penrose，1959）在其出版的《企业成长理论》（*The Theory of the Growth of the Firm*）一书中提出"企业内部是否存在着某种可以既促进企业增长而又限制其增长速度的因素"这一问题，该问题的提出是对新古典经济学巨大挑战。之后，他构建了企业"资源能力—成长"框架，深度探究了企业的成长过程和制约成长的因素。沃纳菲尔特（Wernerfelt，1984）沿袭彭罗斯（Penrose）的观点，于20世纪80年代首次提出资源基础观，他指出，"企业竞争优势的核心在于如何获得异质性资源——具有较高价值、稀缺、难以复制和不可替代的资源"。随后，巴尼（Barney，1986）对这一理论进行了更加细致的研究，旨在阐述如何在激烈的竞争环境下保持可持续的竞争优势。他认为"稀缺资源"有助于企业在一段时间内获得竞争优势，这些资源不仅仅指机器设备、实体资源等有形资产部分，无形资产部分也发挥着同样重要的作用，例如品牌、商标、企业信誉、企业知识储备、具备专业知识和技能的员工、高效率的流程等。然而，其他企业一旦获取同样的"稀缺资源"，该企业就无法保持其原有的竞争优势。因此，巴尼（Barney）提出，获取"稀缺资源"后如何利用资源即保持其稀缺的特质是至关重要的。后续研究中也证实了获取"稀缺资源"是企业保持竞争优势的必要但不充分条件，如何根据企业实际情况利用、组合和管理这些资源，并使这些资源为企业服务并创造优势，对实现企业战略目标至关重要。

传统的资源基础理论具有一定的局限性，张璐等（2021）认为传统资源基础理论的局限性在于过分强调稀缺资源对企业形成竞争优势的作用，但是忽略了稀缺资源的获取方式以及稀缺资源的使用方法，为了研究企业应当如何获取和运用稀缺资源，学者们将该理论进行了完善和扩展，蒂斯（Teece，1994）提出了动态资源基础理论，开始从动态视角研究企业在复杂的市场环境中获取并利用稀缺资源的方式。随后，该理论一直处于发展与完善阶段；张琳等（2021）总结了资源基础理论的相关研究，以及目前资源基础理论的研究焦点，其中，组织协同、资源管理、市场环境、制度环境、利益相关者关系等方面的内容受到了学者的重视，对研究企业经营绩效、创新绩效具有重要的意义。近年来，李琦等（2023）在资源基础理论的研究中进一步提出了"存量观"和"流量观"这两种视角，其分别关注资源的静态存量与动态流动，为全面理解资源基础理论提供了新的视角，也为企业在实践中制定更有效的资源战略提供了理论支持。

二、动态能力理论

动态能力理论是资源基础理论的延伸和发展，传统资源基础理论较多关注企业如何通过获取异质性资源从而获得并维持竞争优势，巴尼（Barney，1991）认为资源基础理论"稀缺资源"是企业保持竞争优势的必要条件，如何根据企业实际情况利用、组合和管理这些资源，并使这些资源为企业服务并创造优势，对实现企业战略目标至关重要，这些资源不仅仅指机器设备、实体资源等有形资产部分，无形资产部分也发挥着同样重要的作用，例如品牌、商标、企业信誉、企业知识储备、具备专业知识和技能的员工、高效率的流程等。随着研究的不断深入及外部环境的快速变化，静态视角下的资源基础理论已无法满足现有的研究与实践。因此，蒂斯（Teece）提出动态能力理论，旨在阐述如何通过对现有资源进行重新组织和整合助力企业创造出新的产品和管理流程，从而在动荡的市场环境中寻求生存。动态能力理论可以对本书研究中涉及的组织创新、数字化战略转型等内容起到解释作用。

蒂斯（Teece）以资源基本观的理论为依据，提出了动态能力理论，他认为企业的动态能力就是构建、整合和重新分配企业内外各种组织资源，为组织创建竞争优势的能力。在此背景下，竞争中的公司如何识别机会与风险、把握机会并规避风险、转变经营方式将决定企业能否建立动态竞争优势。资源基础理论是从一个静态的角度来研究企业的发展，强调对稀缺资源进行有效的整合与重新组合，从而为公司带来竞争优势。而动态能力理论是在社会、结构和文化等情境下，构建新的、高层次的、高附加值的、非复制型的、能为公司带来更多差异性的竞争力。

因此，动态能力理论能够解释企业如何获得并保持其竞争力的问题。蔡莉和张玉利（2021）提出，在当今的时代背景下，为了取得优秀的业绩，需要更多的人力资本，特别是在许多公司都要参与相同的生产环节的情况下，随着信息技术的发展，企业资源呈现出海量、共享、可分配、高移动性等特征，基于信息技术对信息技术中"非流通"和"非复制"等概念提出了新的质疑。所以，伴随着公司的市场环境的复杂化和不确定性的增加，公司所掌握的稀缺资源并不能确保公司在一个高度变化的市场环境中获得并保持自己的竞争位置，有时恰恰相反，企业所掌握的某些核心资源有可能会让某些企业陷入到路径依赖的困境之中，从而变成影响公司发展的一个障碍。

基于上述理论基础，云乐鑫等（2024）随后在服务化情境下探讨了顾企价值共创的路径，强调了动态能力在价值创造中的关键作用；而王进富等（2024）则研究了不同发展阶段裂变型科技企业的动态能力、双元创新与企业价值链升级的关系，进一步拓展了动态能力理论的应用边界。

三、组织变革理论

20 世纪初期，泰勒开启的组织理论研究经历了进一步发展与完善。20 世纪 50 年代，作为组织理论核心的组织变革理论被首次提出。钱军平（2013）提出组织发展理论的核心内容是，在应对外部环境变化时，组织积极进行内部结构的深度变革和创新转型，以达到提高生产管理效率，进而提高组织整体效率。孙晓晓（2009）认为，为了提高企业在实践中解决组织内部问题和适应外部环境的能力，需要完成内外部信息的互联互通，保持内外平衡。内部适应是指保持内部系统的平稳运行，引导组织成员达到组织目标，外部适应强调和周围环境进行信息交换。

企业存在于外部环境中，而且时刻都会与外界进行交流。公司的生存与发展都跟外界的环境有着密切的关系，因此，企业在与外界进行交流的过程中，必然会发生内部变化。这种变化主要包括人员管理体系、组织架构和业务流程重组这几个方面。在人员管理体系层面，企业可以从工作态度、组织氛围、组织的认可程度三个角度来进行改革，让所有员工的理念和能力都能跟改革后的组织要求保持一致，从而为改革提供足够的人力资源。组织架构层面的变化就是要打破企业的组织结构，进行企业内部的重组，以应对企业内部的变化，企业内部的运作方式也要进行相应的变化。业务流程重组要求企业思考在集中或分散的情况下怎样改变制造工作流程来提升工作的效能，并引入新的制造技术。转型的终极目的就是让公司能够与外界的发展相匹配，让公司能够在不断改变中提升自己的竞争力和影响力。赖欣（2010）指出，一个企业的转型是指对其组成成分进行调整、变更和创新，使之能够与不断改变的内部和外部条件相匹配，从而更好地达到企业的发展目的。本书认为数字化转型的根源有两个：一个是在市场竞争的压力下被动转型；另一个是企业为保持竞争力主动进行转型。无论怎样的数字化转型，其动机都是由于其所处的外部环境引起的。此外，随着工业革命的推进，刘汉民等（2020）指出，每次工业革命都推动组织变革，进而引发企业理论创新。物联网技术的崛起（胡斌和王莉丽，2020），则促使企业组织结构适应新技术特性，实现由点—线延伸结构向点—网辐射结构的演变。这些变革不仅反映了企业对外部环境变化的响应，也展示了企业为提升竞争力而进行的内部调整和创新。因此，在对公司的数字化转型原因、影响因素以及市场竞争强度与组织创新、数字化转型作用关系进行分析时，必须有组织变革理论作为支持。

四、委托代理理论

在深入探究公司治理这一管理学基本问题时，委托代理理论作为20世纪70年代将制度理论与经济学理论相结合的重要理论成果，为我们提供了独特的视角。20世纪60年代末70年代初，委托代理理论在企业理论领域中取得了显著的发展，它突破了新古典经济学的视角，深入到企业内部，专注于信息不对称背景下委托人与代理人之间激励合约的特性。这一理论框架为分析信息不对称如何影响委托人与代理人之间的资源配置提供了有力的工具，解答了以往理论无法触及的问题。何亚东和胡涛（2002）对委托代理理论进行了系统的梳理和评价，强调了其在分析企业内部资源配置方面的优势。然而，他们也指出了该理论在分析方法上存在的"一阶化"处理技术的缺陷以及解释范围相对较窄的问题。

公司治理是管理学中一个基本问题，其内涵早已超越了传统的经济、政治、文化等方面，涉及公司治理中的信息不对称、不确定与风险等问题。根据这一原理，在委托代理理论中，由于代理人与委托人之间的效用函数存在差异，往往会对委托人的利益造成损害。在中国的企业环境下，这一问题通常表现为股东与经理人之间的利益冲突。在公司的日常运营中，管理层常常掌握企业的关键资源，并可能以个人利益为先，侵占企业资金，追求个人利益最大化。同时，由于公司的信息不对称性，股东很难察觉到管理者的不当行为，这种情况严重损害了企业的整体利益。随着公司委托问题的加剧，管理者可能不再将企业利益最大化作为其首要职责，进一步损害股东利益，从而阻碍企业的长远发展。

要想有效地解决这一问题，有两条途径：一是提高公司治理结构中企业信息的透明度，解决公司治理中信息不对称的问题。经理人员可以对公司的运作进行周期性的报告，而股东也可以让专门的咨询公司来获取经理人员的资料；二是构建一套行之有效的激励体系。在委托代理关系中，一个重要的问题是怎样才能让双方的利益都达到最大，而一个高效的工作动机可以帮助人们更好地规范经理人的行为，对经理人员实施激励型的薪酬体系，比如把经理人员的薪酬同公司的经营绩效、股票价格联系起来，并根据其表现来确定其职务。

在本书研究中，委托代理理论可以在一定程度上解释市场竞争强度与企业创新绩效之间的关系，我国上市公司的市场竞争强度与其创新行为之间存在着较大的关联性，当一个行业的竞争越来越激烈的时候，行业内各企业的信息透明度也会随之增加，这就为公司的股票持有人和经理们制定一个更加高效的激励体系创造了一个良好的条件，因此，可以将一个行业标准的奖励机制引用至企业的激励机制中，规范经理人员的行为，解决委托代理问题，推动公司的资源得到更好的配置，提升公司的创新绩效。

五、现代市场竞争理论

市场竞争是动态的并非静态的，企业的创新与竞争是一种动态演化与转换的关系，其转换的全过程可划分为"突进行动"与"追踪行动"两大阶段。在这样一个开放的市场环境中，生产者与消费者都享有选择的自由，他们之间的互动不仅塑造了市场的面貌，更在无形中推动了竞争的深化。吴小丁（2001）认为，现代竞争理论的发展打破了传统上将完全竞争视为现实与理想状态的观点。熊彼特的创新与动态竞争理论、克拉克的有效竞争理论，以及哈佛学派、芝加哥学派和新奥地利学派对竞争理论的丰富与拓展，都为我们理解市场竞争提供了全新的视角。在本书研究中，现代市场竞争理论不仅能解释市场竞争强度对企业创新绩效的影响，还为我们理解企业创新与竞争之间的动态关系提供了分析工具。

技术选择作为现代市场竞争的微观基础，也受到了广泛关注。孙小雨（2024）从真实竞争理论的角度出发，为我们理解利润率下降提供了新的分析路径。她认同半内生性分析路径，强调制度形式对技术选择和利润率下降趋势的影响，为企业在市场竞争中制定创新策略提供了理论依据。所有的公司都是以利益为导向的，在市场竞争的动态均衡中，具备先发优势的企业凭借着新产品和新技术的领先优势，在这个动态的均衡中占据着主导地位。其余的公司，都会采用"追踪行动"来进行仿效的革新。不管是哪一种革新，都会有资源的投入。市场竞争对于企业来说是一个外生变量，基于现代市场竞争理论，可以从利益最大化、信息和清算威胁三个假设分析市场竞争对企业创新的影响。

在利益最大化的假设中，企业实质上是以获取利益为中心的，在一个缺乏竞争的市场中，企业与客户相比，占据着更为有利的位置。因此，企业在发布新的产品时，也会与自己原有的产品形成一种竞争关系，而不会由于进行了创新而提高公司的绩效。在一个完全竞争的市场上，一个公司可以用自己的技术革新开发出一种新的产品来占据一个市场，从而提高公司的运营效益。

在信息假设中，因为各个市场主体所处的位置不一样，所以它们所拥有的信息也不相同，所以会出现信息不对称的情况。而市场竞争能够给企业带来一个和同行业企业比较的标准，让它们能够将管理者不负责任、谋私利等问题进行曝光，所以能够降低委托人与管理者的冲突，让管理者能够主动地推动企业发展和付出努力来增强企业的创造能力，让他们更加重视公司的长远利益。最新的研究中，高道斌等（2024）就提出将市场竞争属性与企业技术机会识别相结合的理念，即通过深入分析市场竞争的属性，企业可以把握住具有潜力的技术机会，并降低技术创新过程中可能存在的风险。

清算威胁假设认为，在一个竞争性的产业中，一个公司总会遇到经营不善、外来威胁者占领市场等问题，造成公司倒闭或是被同行业公司接手，从而让管理者失去工作，或是减少其原有的收益。因此，在追求自己利益的同时，管理层也会对公司进行大量的改革，从而提升公司的竞争力，让公司能够长久地维持在一个良好的状态。

第二节　新质生产力相关研究

一、新质生产力的概念

2023 年 9 月 7 日下午，习近平总书记在哈尔滨主持召开新时代推动东北全面振兴座谈会时指出，要"积极培育新能源、新材料、先进制造、电子信息等战略性新兴产业，积极培育未来产业，加快形成新质生产力，增强发展新动能"①，为理解和把握当前及未来经济社会发展的新动向提供了重要的理论支撑。从经济新常态到新质生产力的提出，随着科技的不断演进和全球经济的深度转型，新时代背景下的生产力发展呈现出前所未有的崭新特征。

从本质上看，新质生产力是以科技创新为主导的先进生产力形态。它融合了数字化、网络化、智能化和绿色化等现代科技元素，展现出高效能、高质量和高前瞻性的特征。新质生产力源于技术的革命性突破，通过创新性配置生产要素以及产业的深度转型升级而得以催生。它以劳动者技能进阶、劳动资料升级换代、劳动对象的拓展与优化组合为基本

---

① 习近平总书记引领中国式现代化加快形成新质生产力［J］. 经济，2024（6）：6-9.

内涵，并以全要素生产率显著提升作为其核心标志（宋葛龙，2024）。从词源学角度来看，"新质"两字揭示了这种生产力与传统生产力的根本性差异，强调一种以创新驱动为核心的全新生产力。这种新质生产力并不是新技术、新模式、新产业的简单叠加，而是一种焕然一新、效率显著且带有革新性质的生产力形态。简单来说，新质生产力是由技术进步、要素创新配置和产业转型三大因素共同推动的高效、高质的发展动力。这种生产力形态不仅代表了对传统生产力的升级，更是对经济社会发展方式的深刻变革。具体而言，新质生产力特别强调科技创新在生产力发展中的核心地位，通过与现代科技元素的深度融合，能有效推动产业结构的优化升级和经济增长方式的转变。同时，新质生产力还注重生态环境保护和可持续发展，更体现了其绿色、低碳、循环的发展理念。

自新质生产力概念提出以来，其内涵和外延不断得到丰富与拓展。李晓华等（2023）的研究强调了新质生产力在推动经济高质量发展和实现中国式现代化中的关键作用。他们认为，新质生产力是现代经济体系中的重要驱动力，其发展水平直接影响着一个国家或地区的经济竞争力和社会进步程度。张林和蒲清平（2023）进一步指出，新质生产力代表着生产力发展的一种质的飞跃，认为这种新型生产力形态是在高新科技驱动下形成的，具有极强的创新性和前瞻性。同时，新质生产力理论也是对马克思生产力理论的一种创新发展，为马克思主义政治经济学注入了新的时代内涵。周绍东和胡华杰（2024）则在最新的研究中从新质生产力推动创新发展的角度进行了深入探讨。他们认为，新质生产力的产生和发展将积极推动国民经济的创新发展，为经济结构优化升级和创新能力提升提供有力支撑。

不难看出，新质生产力是科技创新与现代科技元素深度融合的产物，它代表着生产力发展的新方向和新高度。在推动经济社会高质量发展的过程中，新质生产力发挥着举足轻重的作用。通过深入研究和探讨新质生产力的内涵、特征和应用领域，我们可以更好地把握时代发展的脉搏，为推动经济社会全面进步提供有力的理论支撑和实践指导。

二、新质生产力与数字化转型的关系

新质生产力作为以颠覆性技术创新为主导、战略性新兴产业为核心载体的新型生产力形态，其鲜明的人民性、协调性和开放性特征与数字化转型密不可分。数字经济作为新质生产力发展的重要驱动力，通过缓解"需求不足、供给过剩、预期偏弱"等经济约束，为新质生产力的形成和壮大提供了广阔的空间。

在数字化转型的过程中，数字经济不仅提升了颠覆性技术创新的水平，还驱动了战略性新兴产业的创新发展。这一点在张森和温军（2024）的研究中得到了充分的体现——他们构建了一个"需求侧—供给侧—环境侧"的三维分析框架，深入探讨了数字经济如何赋能新质生产力的内在机理。任保平（2024）则进一步指出，数字新质生产力的形成是全方位推进新型工业化的关键，数字化浪潮通过改变工业化发展的生产力基础和性质，推动了工业化的跨越式发展。

张夏恒和肖林（2024）的研究从另一个角度揭示了数字化转型对新质生产力涌现的重要性。他们认为，数字化转型通过促进技术创新、管理创新和模式创新，共同驱动了战略性新兴产业和未来产业的发展，从而实现了新质生产力的涌现。然而，这一过程中也存在技术供给不足、协同机制不成熟等问题，需要从技术层、联动层、生态层和治理层等多个层面提出优化策略。

值得关注的是，王文泽（2024）还从智能制造的角度探讨了新质生产力与数字化转型的关系，认为智能制造作为新一代信息技术与先进制造技术深度融合的产物，不仅超越了传统制造模式，还在构建现代化产业体系中发挥着不可或缺的支撑引领作用。智能制造的推广和应用实质上也是数字化转型在新质生产力领域的具体体现。

整体看来，新质生产力与数字化转型之间存在着紧密的联系和互动。数字化转型为新质生产力的形成和发展提供了强大的动力和支持，而新质生产力的涌现和壮大又进一步推动了数字化转型的深入进行。

第三节 数字化转型相关研究

一、数字化转型的定义

数字化转型彻底颠覆了产业价值链中的传统商业逻辑和企业运营方式，为企业和整个市场带来了巨大的影响。派德和麦卡锡（Patel and McCarthy，2000）在对企业管理方式的研究中使用了数字化转型的概念。21世纪初，计算机技术以及各类信息技术仍处于起步阶段，数字化技术水平有限，管理方式中数字技术的应用难度较大，数字化与企业运营相结合仅停留在理论层面。近年来，数字化技术的发展为数字化与组织运营、业务流程相结合提供了保障，有关数字化转型的讨论逐渐成为学术界的热点，学者们希望可以通过对数字化转型的研究来探索企业高效运转、创造更大价值的路径。陈德球和张雯宇（2024）指出，数字经济正在推动企业生态系统的构建，大数据为企业开展多元化经营、获取和沉淀客户资源提供了强大的支持。他们通过研究发现，企业数字化转型通过增强创新能力和扩大客户网络，显著提高了产品市场竞争地位。凌士显和张晓玉（2024）则从另一个角度探讨了数字化转型对企业持续创新的影响。他们基于沪深交易所上市公司的数据，实证检验了数字化转型对企业持续创新的积极作用。

数字化转型的定义是一个争议较大的领域，不同学者从不同的视角对数字化转型进行定义。数字化转型的研究不仅是研究企业业务层面转型，更是从系统、整体的角度研究企业数字化活动引发的企业氛围、企业文化和企业战略的系统变化。也就是说，数字化转型不仅关注数字技术应用于企业实践导致的关键业务运营的转型，还关注企业现有产品和进一步探索影响组织结构和管理理念的战略变化。企业数字化转型是数字化技术与企业深度融合带来的全面转型过程，可以从产品和业务数字化、商业模式数字化、组织结构数字化和企业战略数字化四个角度理解企业的数字化转型（李远勤等，2022）。

（1）产品和业务数字化视角。从产品和业务数字化的角度来看，数字化转型意味着通过构建新的业务平台来改变现有的管理方式和业务流程，以通过数字技术升级传统的生产方式，并持续满足客户的需求。在这一过程中，工业设计和创意经济往往是重要驱动力。钱晶晶和何筠（2021）认为，数字化转型的核心是企业运用数字化手段对产品和服务进行创新，同时对生产该产品所需要的业务流程进行创新。工业设计师们通过数字化手段，将创意转化为具有市场竞争力的产品，为消费者带来新颖的体验。同时，创意经济也在数字化转型中找到了新的发展空间，通过数字化技术的运用，将创意转化为实际的经济价值。弗尔和希皮洛夫（Furr and Shipilov，2019）认为，数字化转型的意义在于给消费者带来"新"的关系，例如新产品、新体验、新服务，企业进行数字化转型就是为了以消费者的需要为中心，使企业的业务模式向消费者需要的"新"的方向靠拢。葛兰西等（Graesch et al.，2021）则从业务流程的视角对数字化转型进行了研究，他们认为应用数字化手段使企业在优化客户体验、优化业务流程、开发新产品的组织转型即为数字化转型的过程。

（2）商业模式数字化。从商业模式数字化的角度来看，数字化转型是指数字技术与企业生产经营活动的融合、运营管理模式的重组、资源匹配能力的提高、盈利能力的变化，从而在数字经济中实现商业模式创新。有学者认为，数字化转型就是企业使用数字化手段不断保持企业竞争优势的过程，保持竞争优势的主要路径就是数字化方式对企业商业模式、经营策略的重构，即数字化转型本质上就是商业模式的数字化（Karimi and Walter，2015）。李柏洲和尹士（2020）同样认为，数字化转型就是商业模式的完善优化，因为只有当商业模式发生了变化，企业管理模式和企业价值创造的思路才会随之发生变化，数字化转型就是用数字化手段对商业模式进行赋能的过程。随后，王晓轩（2024）的研究进一步深入剖析了当代互联网数字商业模式与传统商业模式的特征差异，并展望了未来互联网数字商业模式的发展方向。温馨等（2024）的研究同样揭示了数字技术扩散对商业模式创新的积极影响，以及数字化战略导向在其中的中介作用。这些研究共同为企业在数字化转型过程中实现商业模式创新提供了重要的理论支撑和实践指导。

（3）组织结构数字化。从组织结构数字化的角度来看，数字化转型是指数字技术在改变组织内外生产经营环境的过程中，组织管理能力的不断提高和组织结构调整的推进，从而使企业的组织结构适应数字时代市场和行业的变化。从企业战略数字化的角度来看，数字化转型是指通过数字技术解决不确定性和复杂性问题，重新创造企业发展规划，改变企业文化和价值创造方法，实现企业战略的持续转型和创新。将数字化转型定义为由数字技术、数字平台驱动的组织变革，数字化转型的直接影响就是企业组织结构的变化，组织结构的数字化使企业开始追求经营绩效的提升（Nambisan et al.，2017）。有学者指出数字技术促成了企业的数字化转型，数字化转型给企业带来的变化主要包括业务流程、组织结构和组织运营能力的变化，因此，数字化转型应当从组织结构数字化的视角理解（Li，2018）。苏敬勤和武宪云（2024）进一步指出，数字化转型企业需要重构组织惯性，通过组织警觉和组织学习来实现从外围到核心的组织惯性重构，从而呈现出动态进阶的过程。这些观点共同揭示了数字化转型在组织结构和战略层面的深刻影响，为企业提供了实践指导。

（4）战略管理数字化。战略管理数字化观点认为，企业数字化转型是使用新的数字技术重新创造企业主要业务的过程，这是公司战略层面的重构，并且是一个持续的过程，伴随着组织结构和商业模式的变化，数字化转型既要从组织结构的视角理解，也要从商业模式的视角理解，因此，将两者结合起来，从战略管理的视角出发理解数字化转型，这样的理解更加全面。如有学者指出，从数字技术对企业提供产品和组织结构的影响来看，企业的数字化转型战略是整合数字技术、创造企业价值的全面的战略管理体系，即全面整合了企业的价值创造、组织结构、产品和业务流程以及商业模式等要素（Hess et al.，2015）。有学者结合资源基础理论和战略观点，指出数字化转型战略是企业采用的业务、管理模式、资源、市场竞争的全面战略管理模式（Sanchez，2017），有学者基于战略视角，将企业数字化转型视为信息系统或数字技术在企业生产组织和运营过程中的应用，是协调企业经营环境、资源与能力的综合性战略选择，同时还是伴随着企业组织结构、经营理念和组织氛围的全面战略转型（Graesch et al.，2021）。

在总结了关于数字化转型概念的四种观点之后，本书认为，对于企业数字化转型的理解不能简单地将其理解为数字技术在企业中的应用，也不能仅从产品、业务、组织、商业模式某一个单一的视角进行理解，数字化转型涉及企业的商业模式、组织管理、战略管理等全方位的企业运营环节。从价值创造视角研究数字化转型能够比较全面地把握数字化转型这一概念的含义，有学者将数字化转型与价值链理论结合起来，认为数字化转型的过程是企业通过数字化手段对价值创造模式、价值链进行重塑，使用数字技术开发出新的价值创造模式就是成功的数字化转型，对价值链进行重塑就必然会涉及企业全面完善运营环节（Schallmo et al.，2017）。刘洋和董久钰（2020）认为用户价值导向是企业进行数字化转型的根本原因，企业的数字化转型需要对经营目标、治理模式、组织结构、市场营销、业务流程进行改善。贾京坤和朱英（2022）同样认为数字化转型是以更好地创造价值为目的，利用数字化手段改善自身的同时驱动产业变革，从而促进企业经营效率的提升。通过数字化手段对企业的组织结构、价值创造模式、经营战略和商业模式等活动进行转变是当前数字化转型的主要研究问题。李嫄等（2024）就指出，科技新创企业的数字化战略认知图式对战略行动具有驱动作用，并在研究中形成了包含数字化内容的新框架和驱动路径，同时揭示了数字化转型中认知与行为之间的紧密联系。

综上，数字化转型的研究不仅研究企业业务层面转型，更是从系统、整体的角度研究企业数字化活动引发的企业氛围、企业文化和企业战略的系统变化，也就是说，数字化转型不仅关注数字技术应用于企业实践导致的关键业务运营的转型，还关注企业现有产品和进一步探索影响组织结构和管理理念的战略变化。

二、智能制造企业数字化转型的路径

有学者认为数字化转型可以采取进攻性路径或防御性路径（Margiono，2020）。进攻性路径往往是在市场出现强有力的竞争者时被迫采取的，企业需要迅速推出进攻性战略以确保自身在行业中保持领先地位。在这种情境下，企业可能会选择直接并购竞争者，但当被收购的企业提供与收购方不同的价值时，这可能会疏远公司的探索和开发过程。为了解决这个问题，企业需要整合两种公司结构，通常做法是从一个基础结构出发，促进两家公司之间的广泛互动，从而实现数字能力和资源的有效转移。在并购过程中，参与的公司通常会采取一种策略，即允许两家公司的部门在最终整合之前并行工作，以确保业务的连续性。对于选择防御性路径的公司而言，关键则是确保其现有结构能够融入数字化元素。为了实现这一目标，企业可以采用多种数字化策略。例如，企业可以采取绕过中介机构、利用数字平台进行交易或加强参与者之间的协作来提高效率，同时，还可以利用新技术为现有客户提供更优质的服务。

除了进攻性数字化转型路径和防御性数字化转型路径之外，学者对于智能制造企业进行数字化转型的路径主要从组织内部学习以及外部合作这两方面展开，大致可以归纳为对既有产品和生产流程进行数字化改造、用数字化思维挖掘新发展方向。

智能制造企业可以通过对已有的产品及工艺进行数字化改造从而实现数字化转型。辜胜阻等（2016）提出，要把数字技术应用于整个制造过程，在传统工业生产和销售的各个阶段实施智能化，从而改变传统工业在研发设计、生产制造和销售服务等各个环节的运作方式，从而实现传统制造向智能制造的转变。吴群（2017）提出，企业数字化改造的关键在于在生产制造、物流仓储、研发创新和销售售后等各个方面融合数字化，以数字化方式推动企业的转型和发展。焦勇（2020）认为，在制造行业中，有四种方法可以将其与数字手段相结合：将其与互联网结合、将其与研发端相结合，将其与服务业相结合，将其与新技术相结合。余菲菲和高霞（2020）提出了"产品—平台—行业"三个层次的智能制造企业转型的新思路：在产品层次，将生产制造活动互联；在平台层次，使多个智能制造主体聚集，资源共享；在产业层面，实现企业边界扩展。陈明和陈剑（2020）认为，数字技术对智能制造企业造成的冲击主要有两个方面：首先，公司可以获取到更多的消费端的信息，可以对消费者进行画像和对消费者的行为特点进行更为精确的描述，从而可以设计出与用户的需要更为接近的产品以及可以更灵活地对消费者的变化趋势作出反应。其次，能够使生产过程进行自动控制，实现以订单为驱动的生产模式。

智能制造企业可以利用数字化思维挖掘新发展方向。有学者通过案例研究得出结论认为，大部分公司都通过商业模式的数字化来完成其数字化转型进程（Patrick et al.，2016）。有学者在战略适配观理论的基础上提出，要想完成数字化转型，就必须强化内部和外部的资源整合能力和价值分享能力（Liu，2017）。邢纪红（2017）提出"互联网＋"对传统制造企业的业务发展带来重大冲击，提出通过产品智能化、活动网络化和构建智能化O2O系统使公司向数字化方向发展。吕铁（2019）对当前中国工业发展中存在的突出问题进行了深入剖析，提出了"智能制造""工业平台赋能"以及"工业园区"的建设思路。何伟和张伟东（2020）提出了在数字经济背景下智能制造企业对全链条连接、全数据融合、全智慧的新需求，而实施全链条式的发展是全面变革的核心。

此外，面向智能制造的家具企业也在积极探索数字化设计与制造。熊先青等（2020）明确了家具企业实现智能制造和数字化转型的必然趋势，并提出了包括基础网络建设和数字化转型核心技术在内的关键技术体系。在智能交互时代，郝凝辉和刘晓天（2023）探讨了设计如何赋能智能制造创新发展，提出了创新设计流程、数字化转型等六大可行性路径。邢青松等（2023）则研究了数据共享和平台赋能对智能制造生态合作的影响，揭示了不同因素对合作策略演化的作用机制。袁峰等（2024）构建了基于产品数字孪生体的智能制造价值链协同研发框架，为全价值链的协同研发提供了新思路。这些研究共同推动了智能制造企业在数字化转型道路上的探索与实践。

三、数字化转型的测度

陈其齐等（2021）认为，数字技术使得企业发生了深刻的组织变化，面对着更为动荡、复杂与不明确的环境，企业的数字化转型呈现出一个动态化的进程，数字化转型的测量有较大的难度，难以从动态的视角评价数字化转型。当前，企业数字化的发展趋势是企业的技术创新和组织变革。数字化转型是指通过数字技术引发组织管理、资源和能力等方面的颠覆性变化的过程。在大量的数字化转型测量的文献资料中，数字化产品、数字化平台以及数字化的基础设施是高频出现的数字化转型维度，王墨林等（2021）将数字技术引发的这种颠覆性变化分为三大类别：数字化产品、数字化平台和数字化基础设施。南比桑（Nambisan，2017）提出了数字产品、数字基础设施和数字平台是实现企业数字化转型的三大关键因素。曾德麟等（2021）认为，数字化变革的出发点是数字化技术、数字化产品、数字化平台等基础设备的支持。

除以上提到的方式之外，数字化转型还有一些其他的测量方式。有学者以瑞典上市公司的"数字成熟度指数"数据作为衡量企业数字化转型程度的依据（Maha and Salah，2022），该数据包括数字营销、数字产品体验、电子商务、电子CRM、移动和社交媒体六个维度。范黎波等（2022）在研究制造企业数字化转型与境外贸易关系时，采用财务数据与特征词统计相结合的方式衡量数字化转型的程度，其中，特征词统计就是统计企业在其年度经营报告、新闻资讯中有关人工智能、大数据、云计算等有关数字化转型概念词汇的出现频率，而财务数据则利用企业的信息技术相关投资强度指标来衡量。

在数字化转型的路径和规模方面，杨立勋等（2022）通过编制数字经济部门投入产出表，揭示了中国工业分行业数字经济规模的提升路径。他们发现，数字经济规模是科技创新、人才、资金、行业规模、政府支持等多因素交互作用的结果。科技创新是实现高数字经济规模的关键条件，而缺乏科技创新和政府支持则可能导致行业数字经济规模不高。这些研究为我们提供了更全面的数字化转型测量方法和路径选择思路。

第四节　组织创新能力相关研究

一、组织创新能力的定义

组织创新主要是指组织结构以及组织管理机制方面的变革。20世纪 80 年代，随着技术的进步以及经济全球化的趋势，所有的组织都受到环境变化的冲击，组织生存的风险和不稳定性增加。进行自我革新，用创新的思维打造组织的独特竞争优势成为了提升组织稳定性、维持自身生存的重要手段，因此，有关组织创新的研究逐渐涌现。组织创新的研究最早由理查德（Richard，1978）提出，他认为在组织创新过程中，员工的劳动分配不均衡，组织创新存在自上而下和自下而上两种类型，这一理论也被称作组织创新的双核模型。组织创新相关的问题已成为管理学的一个热点问题，然而，对于组织创新的定义，国内外学者并没有达成共识。有学者将企业的创新看作一种对传统原则、实践和过程的颠覆（Hervas，2015）。正像经济合作与发展组织（2005）对组织创新的界定一样，组织创新是指在企业经营活动、工作场所组织以及企业与外界的联系等方面采取的一种全新的组织模式。

不同学者对组织创新研究的出发点和侧重点有所不同，因此，他们大多从不同的视角定义组织创新。有学者从组织发布新产品的视角定义组织创新，认为组织生产或设计的新产品可以获取顾客的认同或者成功上市即为组织创新，这是较早对于组织创新的定义（Blau and Mckinley，1979）。有学者提出组织产生或设计新产品是组织创新的一种表现（Burgess，1989）。有学者按照创新类型，将组织创新分为生产过程创新、产品或服务创新、组织结构创新和市场创新等（Dereli，2015）。有学者将企业的创新划分为渐进性与突破性两类（March，1991），渐进性创新是指企业对已有的技术、产品和服务进行深入的研究，以适应当前的市场和顾客的需要，突破性创新是指企业超越了原来的技术轨道，基于新的技术进行技术、产品和服务的更新，拓展了新的经营范围和市场空间。由于创新对企业现有习惯所造成的改变的程度存在差异，因此，渐进式和突破式的二元创新的概念可以更好地在定义上兼顾不同企业的差异，并强调企业创新活动与市场环境的互动。

德鲁克（Drucker，1985）以创新的过程为视角定义组织创新，他更将组织创新看作一个进程，在这个进程中存在着系统的、有组织的工作，只要能够使公司所具有的内外资源产生变化，或者对公司的价值创造方式产生影响的活动都可以被称作创新。阿玛布丽（Amabile，1988）

对德鲁克的概念进行了提炼，他指出，组织创新是一个由五个步骤组成的过程，它们具体包括设定议程、设定程序、产生想法、创意测试与执行以及结果评价。当知识与资讯变得越来越重要时，我们可以将企业的创意视为一个以知识与资讯为目标，以创造与引入新事物为目标的活动。在李斌（2005）看来，企业的变革就是企业将企业的内部要素进行整合及再整合的一个进程。金玮和石春生（2017）把企业的创意界定为一个演化的、适应性变化的选择与保留模型。有学者则融合了"新产品发布"与"创新过程"两种观点（Tushma and Nadler，1986），从成果与过程两个角度出发，重新界定了企业创新的概念，将其视为一项涉及新产品与流程创造的综合活动。有学者则把这个流程变得更加详细和具体，他们认为企业的组织创新是一个极其复杂的问题解决的进程，在这个进程中，有可能会出现对于产品或服务的重新设计或改良，也有可能会出现公司资源和人员的重新搭配等（Dougherty and Bowman，1995）。

单标安等（2022）将组织创新分为探索式创新和利用式创新。探索式创新就是企业进入一个创新的业务领域，为了在该领域立足，学习新知识以突破行业的技术壁垒；利用式创新就是企业在现有产品、业务流程的基础上，对现有产品和业务进行更新优化，改进企业运营过程中出现的问题，提升产品质量和运营效率。

从创新的结果与过程两方面定义组织创新虽然已经比较全面，但是上述定义仍然以"创造新的实物"作为组织创新的目标，越来越多的学者开始重视"非实物"的组织创新，将组织创新与管理密切相连，扩展组织创新的定义。有学者对组织创新的界定更加宽松，他将创新视为一种可以发起或改进某项活动的思想，而其内容包含了产品创新、生产技术以及组织结构或管理制度的创新等（Robin，1996）。王志莲和张红（2003）认为，使企业在形式与结构上发生变革，不仅是企业改革的基本目标，也是组织创新的主要含义。李小青等（2022）则在研究中识别并评价了影响制造企业数字化创新能力的因素，即人才储备和资金获取是关键。

二、组织创新能力的分类

拉佐尼克和普伦奇佩（Lazonick and Prencipe，2005）认为创新是组织在动态环境中发展和生存的关键因素。具有创新能力的公司可以比那些在动荡环境中运营的非创新组织更快地响应环境变化，表现更好。根据研究创新的角度，可以以各种方式对创新进行分类。例如，有管理创新和技术创新、激进创新与渐进式创新、产品与流程创新、能力增强与破坏能力的创新以及架构与组件创新。这些分类可能相互关联，没有单一的商定分类法可用于描述不同类型的创新。

在组织创新的众多分类方式中，管理创新与技术创新是最常用、最被认可的分类方式，在实证研究尤其是在组织创新的测量中被广泛采用。管理创新和技术创新之间的差异源于组织的层次，在组织层次的两端，上层的管理者和员工都可以产生创新，管理者引发的与授权、薪酬体系、招聘、资源分配有关的变革，通常被称作管理创新。由企业的基层人员发起的创新活动一般包括新产品、新流程或新服务的开发以及技术创新。由于组织中发起人的级别不同，组织采用这两种不同的创新方法，有学者认为组织有自上而下的管理创新和自下而上的技术创新两个创新过程，这一分类的意义在于组织的社会系统创新与技术系统之间的差异有关（Evan，1966；Knight，1967）。技术创新的产生或实施接近组织的技术核心，以更直接的方式影响组织的产品或服务管理创新在组织的社会系统中的实施。这包括招聘、激励支出和组织建设，这对研究组织采用创新的过程具有指导意义，管理创新和技术创新是从组织的不同层面开始的，因此，采用不同的程序。渐进式创新是指渐进和较小程度的变化，而激进式创新是指对组织活动中现有实践所做的根本性改变（Subramaniam M and Youndt M A，2005）。一般来说，渐进式创新通常是以市场拉动为导向的，它被善于收集、传播和响应来自市场的情报的公司所采用（Kohli A K and Jaworski B J，1990）。相比之下，激进的创新往往是以技术推动为导向的（Green S G et al.，1995）。激进的创新往往是有风险的，往往需要不同的管理实践（O'Connor，1998）。然而，激进的创新可能会改变现有的市场结构并创造新的机会。

有学者认为，除了渐进式或激进式创新之外，另一个分类方式是考虑产品和工艺创新（Prajogo and Ahmed，2006）。这是驱动力不仅限于技术创新的地方，也是人们锻造组织过程的地方。产品创新与想法的产生或新事物的创造有关，这反映在组织提供的产品或服务的变化中。

过程创新是指组织开展业务方式的创新，例如生产或营销商品或服务的技术或内部开发的新实践（Zhuang L et al.，1999）。虽然产品创新有可能实现流程创新，而流程创新可以通过不同的方式生产或营销商品或服务来改变组织开展业务的方式，但应该注意的是，技术和人都可能影响这种类型的创新，产品创新和流程创新可能相互作用。

三、组织创新能力的测量

组织创新能力关乎企业的生存，在组织创新的相关研究中，组织创新对企业经营绩效、创新绩效的积极影响已经有大量的实证研究成果，任何类型的企业、任何性质的组织创新都有助于企业的进步。目前对于组织创新能力的测量，主流观点是"双核心模式观点"，即将组织创新能力分为管理创新和技术创新。

谢洪明等（2006）选择珠三角地区的企业为研究对象，将组织创新能力剖析为计划、组织、用人、领导、控制和服务六个角度，然后将组织创新能力的六个角度提炼成为用人与管理创新、组织与规划创新以及技术创新三个维度，设计了包含三个维度、22个题项的调查问卷。

吴泽俊等（2015）研究了高校组织绩效的影响因素，其中，组织创新能力作为因变量，结合高校的特点，将组织创新能力分为行政服务创新、设施环境创新、资源利用创新、教学创新和创新气氛五个维度。

连建新和杜云飞（2022）则从产品生命周期的角度入手，研究了企业的数字化转型和组织创新的匹配问题，将组织创新分为文化创新、结构创新和战略创新三个维度。一种产品进入市场的三个阶段，应采取不同的组织创新模式：产品进入市场初期，以文化创新和战略创新为主；产品进入成长期，企业应当重点关注组织结构和管理制度的创新；产品进入成熟期，企业的战略、组织结构和管理制度应做到协同创新。

第五节　市场竞争强度相关研究

一、市场竞争强度的定义

产品市场竞争是企业为经济利益和自身发展考虑，与处于同一市场中的其他企业竞争，增强自身实力的表现。企业可能因为自身的利益需求而主动寻求实力提升，也可能为了避免被市场中的同类经济行为主体蚕食市场份额而被迫与之竞争。当企业经济实力较强时，通常享有较高的市场竞争地位，面临的竞争压力也相对较低。市场竞争强度用于描述行业内各竞争对手之间的竞争程度，即竞争越激烈，市场竞争强度就越高。

通常情况下，处于市场竞争中的企业会不断寻求新的利润增长点和市场机会，以此来提升自己的市场占有率并确保生存。在这种激烈竞争的市场环境中，企业必须采取相应措施来维护或增强其市场位地位。企业若不采取积极措施，市场份额可能会逐渐缩减，最终可能完全被竞争对手所取代，正如逆水行舟，不进则退。有学者认为，市场竞争强度反映了战略决策在获得竞争优势中的重要性，企业表现出竞争行为（Nadkami et al.，2019），通过创造暂时的竞争优势，所以企业发动竞争行动的频率反映了企业创造优势的倾向，这种优势会带来更高的利润，在这种环境下，加强企业与利益相关者之间的积极作用，然后通过密切的关系，企业需要的内部和外部来获得资源、降低成本。孙永磊等（2019）认为，较高的市场竞争强度会带来牢固关系的固定效果，长期稳定的合作关系不仅可以让企业获得资源援助，还可以获得情感支持、决策支持和认知帮助。有学者认为，在不稳定的环境下，积极的竞争行为不仅使企业比竞争能力有限的竞争对手更容易实现和维持业绩增长，而且竞争行为下企业的差异化行为会使竞争对手感到惊讶，延缓竞争对手的模仿和报复，从而获得市场增长（Ndofor et al.，2011）。这一观点适用于以技术资源为核心竞争力的企业。

多数学者认同产品市场竞争作为外部因素之一可以完善公司的治理机制，唐文秀等（2018）认为，一方面，企业可以通过增加信息透明度和施加压力，缓解经理人与股东之间委托代理问题，规范经理人的行为；另一方面，在市场竞争中拔得头筹的企业将拥有更多优势资源，同时，激烈的市场竞争带来的产品、客户等明显的市场信号能使得企业进一步的研发决策和战略发展更具针对性。不仅如此，廖筠等（2023）还发现，市场竞争强度与企业创新开放度呈倒"U"形关系，且企业吸收能力越强，在市场竞争中越倾向于开放合作；而郭晓川等（2021）则指出，颠覆式创新是推动商业模式迭代的关键，市场竞争对其商业化过程具有正向调节作用，在民营企业中尤为显著。这些研究为理解市场竞争环境下的企业行为和创新策略提供了有益洞察。

二、市场竞争强度的测量

在市场竞争强度的测量方面，学者们通常用上市公司面临的行业间竞争程度来衡量产品市场竞争，企业层面则用所处竞争地位刻画产品市场竞争（熊婷等，2016）。新产业组织理论进一步指出，企业自身竞争地位会影响交易费用，从而影响企业行为。对市场竞争强度的测量以企业经营的客观数据为主，唐要家等（2022）计算企业市场结构的勒纳指数，用该数据来表示企业的市场竞争强度，勒纳指数的计算方式是用销售额去除营业成本、销售费用和管理费用后的数值除以销售额，辅以行业集中度指数来综合评价市场竞争情况。廖筠等（2022）在研究行业的市场竞争强度对企业开放度的影响时，用表示企业所在行业的市场竞争强度，计算方式是用企业的所有业务市场份额比重的平方和，赫芬达尔指数越大，表示市场份额被少数的大型企业控制，竞争主体较少，竞争强度较低。曹兴和罗会华（2020）则使用替代品这一概念来衡量市场竞争强度，替代品是指与企业现有产品功能相同、差异较小的产品，这样的替代品则意味着企业所在行业的市场竞争强度较高。

第六节　创新绩效相关研究

一、创新绩效的定义

已有文献大多关注于创新活动的成果与收益，从产出的角度定义创新绩效。根据德鲁克（Drucker，1993）的理论，企业创新绩效是企业在其技术创新过程中获得的所有结果的总和。罗震世等（2011）将创新绩效定义为：通过运用自己所掌握的各类技术，对所掌握的资源进行高效的开发和运用后产生的一系列的创新结果，这是一项具有整体效益的工作。沈锭荣和王琛（2012）将创新绩效视为新产品、新工艺、新技术以及新申请的新专利等，把基于这些新技术而带来的利益最大化的新产品称为"成功的新产品"。张国富和张有明（2022）提出，创新成果是公司 R&D 的结果，而在所有的专利类别中发明专利最能够反映公司的 R&D 成果，而实用新型专利和外观设计专利则并不能完全反映公司的 R&D 成果，这一观点认为可以用发明专利的数量来衡量企业创新绩效。

尽管多数文献将公司的创新绩效与其创新产出相提并论，但也有不少学者指出公司的创新并非一朝一夕就能完成，而是一种渐进的过程。肖振红等（2021）认为，企业的技术研发绩效应当分为"转换效能"和"输出收益"两个层面，王晓红和胡士磊（2022）将创新的结果分为产品、过程、营销和组织四类，其中，产品和过程的创新归类为技术创新，营销和组织的创新归类为非技术创新。除此之外，创新绩效不能仅仅评价创新产出，与创新产出相对应的创新投入也是非常重要的，因为创新产出并不能体现创新活动的效率。有学者认为企业的创新绩效是评价企业创新活动是否有效的一个尺度，企业要考虑什么是成功的创新活动，创新活动成功与否不仅仅要看是否给公司创造实际利益，也要看创新活动的收益是否超出了这项创新活动的投入（McEvily and Chakra-varthy，2002）。

因此，本书中将创新绩效定义为：在特定时期内，在特定的资源禀赋与环境条件下，企业的创新效益以及投入产出效率。其中，创新效益指的是企业利用对各类资源进行高效的产品开发并进行合理的资源分配，从而获得了一项具有一定意义的创新结果。一般情况下，创新效益通常是通过评估企业创新活动的直接成果来进行衡量的，比如新产品的销售情况、新技术的应用效果、获得的专利数量等。而投入产出效益是指在创新的过程中，创新活动的产出与创新活动收益之间的关系，一般用投入产出比值来进行衡量。

而随着全球数字经济的崛起，数字化转型已成为企业提升竞争力的核心。多项研究均显示，数字化转型能显著提升企业的创新绩效。张伟和刘英为（2023）指出，在新兴经济体跨国企业中，数字化转型通过增强企业的知识吸收和整合能力，有效地将新技术转化为创新成果，进而提升创新绩效。余东华和马路萌（2024）则从组织变革的视角揭示数字化转型推动企业实现平台化变革，从而强化了企业的自主创新能力，为制造业的高质量发展提供了新路径。同时，朱晓琴等（2024）强调，数字化转型通过增加企业社会资本，特别是企业间的社会资本，显著提升了创新绩效，凸显了社会资本在数字化转型过程中的重要作用。综上所述，数字化转型不仅促进了新技术的引进和应用，更在优化组织结构、提升知识吸收能力及积累社会资本等方面发挥了积极作用，从而显著提升了企业的创新绩效。

二、创新绩效的测量

企业创新绩效的测量是一个较为系统的、复杂的过程。由于不同研究的研究背景和研究对象不同，国内外研究者提出了多种企业创新绩效的测量方式，并对其进行了实证分析。以"创新流程"与"创新成果"为导向构建创新绩效评价体系是目前的主流方法。创新流程具体包括战略设计、研发研究、生产、管理、市场推广等。有学者以创新流程为基础，构建了一个由四大关键流程和三大辅助流程组成的创新绩效评估的流程模型（Wang et al.，2014）。四大关键流程包括概念设计、产品开发、工艺创新和工艺获取。三大辅助流程表现为管理及领导、资源配置以及系统工具的运用。也有人以研究成果为基础制定了研究成果的评估指数。

对于创新绩效的测量主要可以分为两种思路。大部分研究以 A 股上市公司为研究对象，用某个或多个财务指标、经营指标来评价创新绩效。马君和郭明杰（2022）将创新绩效分为创新投入与创新产出两个维度，创新投入维度用企业研发投入的财务数据量化，创新产出则用企业的专利申请数量来表示，测度创新绩效所用到的数据均来源于国泰安数据库以及中国研究数据服务平台。程跃和段钰（2022）在研究财政补贴政策对企业创新绩效的影响时，用企业净利润表示创新经济产出，用专利申请总量表示企业创新成果产出，创新经济产出和创新成果产出两个维度分别反映了企业创新活动的价值和竞争力。有学者指出企业的创新绩效等同于企业拥有的专利的数量，创新绩效可以用公司在一定时间范围内获得的专利的数目来表示。虽然专利数量常被用作衡量创新绩效的指标，但这种方法存在明显的缺陷（Huja and Katila，2001）。我们需要明确创新与创造之间的区别。创新不仅仅是创造出新的东西，更重要的是这些创造能够实现市场化并对企业产生实际效益。然而，并非所有专利都具备市场化的潜力或对企业的长远发展有积极影响，有些企业可能仅仅为了获得专利而申请专利，这种"为专利而专利"的做法并不能真实反映企业的创新能力。此外，格里利兹（Griliches，1990）指出了另一种极端情况：出于防止竞争对手模仿的考虑，一些企业选择不将其发明成果注册为专利。这种做法进一步削弱了专利数量作为衡量创新绩效指标的可靠性。因此，单纯以发明专利的数量来衡量企业的创新绩效是存在明显缺陷的。

另一种衡量创新绩效的思路是设计量表，对企业进行问卷调查，企业管理者对企业创新绩效进行主观评价。如宋耘和王婕（2020）将企业创新绩效分为突破性创新绩效（8 个题项）和渐进性创新绩效（6 个题项），开发了企业创新绩效量表；有学者基于中国情境下的高科技创业企业开展调研，从创新的质量和速度两个方面开发了 5 个题项量表（Zhang and Li，2010）。

第七节　本章小结

　　本章首先对理论研究需要用到的理论基础进行了阐述，然后分别以文献整理的方式介绍了本书研究的核心概念，从新质生产力的定义、数字化转型的定义、智能制造企业数字化转型路径以及数字化转型的测度三方面梳理了数字化转型相关的资料；从组织创新的定义、分类和测量三方面梳理了与组织创新能力相关的资料；从市场竞争强度的定义、测量两方面梳理了与市场竞争强度相关的资料；从创新绩效的定义、测量两方面梳理了与创新绩效相关的资料。

第三章　探索性案例研究

基于对相关的现实和理论背景的梳理，以及由此形成的预设基础上，本书选取了三家智能制造企业进行探索性案例研究。并在第二章提出的预设指导下，展开相关的数据收集和分析，提出本书的初步假设，并构建数字化转型、组织创新能力、市场竞争强度与创新绩效关系的初步概念分析框架。

第一节　案例研究方法与步骤

本节主要介绍探索性案例研究中所用到的案例研究方法与案例研究步骤，其中，案例研究方法介绍其由来以及部分学者对案例研究方法的看法。而案例研究步骤则介绍了开展案例研究被公认的四大步骤。

一、案例研究方法

案例研究法是实地调查的方法。研究者选取一个或若干现象作为目标，系统地搜集信息与材料，展开广泛的调研，以探索某一现象在具体的条件下的情况。可以在现象的具体条件界限不清楚又不易于识别，或是研究者没有提供正确、直接且有系统的研究方法的场合使用，解决"如何改变""为什么变成这样"及"结果如何"的关系问题。

本书研究中确定采用多案例研究的方式，选择企业数字化转型进展处于不同阶段、位于不同省份、涵盖不同行业、企业员工与企业营收不等的智能制造企业，根据案例研究法，需要研究者选择合适的案例，而后进行数据收集，在此之后分析资料并撰写报告。

案例研究的数据资料主要源于定性材料、定量材料，又或者采用定性材料和定量材料相结合。案例分析方式有其弊端，但之所以被采用，是因为在特定情形下它作为一个比较恰当的手段，强调了应用性。每个实验方案都可能服务于三个目的：发现、表达和解释。既可以是探究式个案研究、描述式个案研究、阐释性个案研究，又可以是研究能力试验、描述式研究法试验、解释性试验。选择使用的研究工具并不仅限于等级，而且还要根据不同方案的适应性。

二、案例研究步骤

案例研究法是实地研究的一种，可以解决"如何改变""为什么变成这样""结果如何"等环境研究的问题，同时涵盖了独特的设计工作逻辑、专门的资源搜集，还有特殊的资源分析方法。可以通过实际观测行为，也可以利用研究文件来收集资料。研究方法更多地倾向定性的，在资料收集与数据分类上有独特性——主要依靠多个证据来源，各种材料依据必然能在三角试验的方法下逐步收敛，并得出一致结果；研究常常有事先开发的理论命题或问题定义，以引导资料收集的方式和材料分类的重点，并注重于当时事物的检视，不参与事物的操控，因此，能够保持事物的完整性，并发现其有意义的特征。相较于其他方式，可以对事件作出更真实的描述与全面的认识，对动态的相互作用事件及其所处的社会环境脉络进行分析，就可以达到一种比较全面和系统的认识。

（一）选择案例

案例研究中选择案例的原则通常与研究目标以及研究中需要解决的问题密切相关，这就决定了什么样的属性能为案例研究提供有价值的信息。案例研究中可能使用几个项目，或者使用另外几个项目。单个案分析既可以用来证明某个概念，也可以用来分析某个特殊的或更极端的事件。而对多个案例进行分析的主要优势就在于，其包含着两种分析阶段——个案内析和交叉个案分析。前者是将每一案件都当作单一的整体加以全面描述，而后者则是在前者的基础上将全部的个案都加以统一的抽象与概括，从而得到更精辟的说明与更有力的阐述。

（二）收集数据

案例研究的数据源于以下五类：一是文件。二是档案记录。三是访谈：访谈中最普遍的形式是采取开放式的方法，其次是焦点型的访问——一个可以在短时期内采访某个回答者的方法，还有的则是扩展至正式的问卷，即更为结构化的提问。四是直接考察：学者实地探访个案研究的地点。五是参加考察：此时学者并不作为一个被动的旁观者，而实际上介入进行调查的事情中。

（三）分析资料

资料研究包括检视、排序、列表或者以其他方式整理资料来寻找研究的初始命题。在研究资料以前，学者必须确立自己的研究策略，也就是必须预先知道要研究什么，以及为什么要研究的优先级。而具体可采取的研究策略可以包括以下两种情形：其一，基于研究对象的问题。因为在案例研究开始时很可能就以已定义的命题为依据，所以这些命题可能就反映了一个研究概念、新的概念，或者资料回顾的结论。因为材料的搜集策略必须是基于问题而提出的，所以问题本身可能就确定了相关研究策略的优先级。其二，对个案的叙述。必须建立一个叙述框架进行个案研究。这种方法并不比理论命题中的方法好，不过在理论问题不存在时，还是有个可能使用的替代方法。

（四）撰写报告

待访谈与分析过程结束，便可以进行撰写报告的过程。撰写此类报告并没有什么统一的要求格式，但学界往往采用和案例研究过程相匹配度的格式。具体来说，一般是：背景描述；对特定问题、现状的说明与分析；分析与探讨；小结与建议。

第二节　研究设计

研究设计主要是依据有关学者对案例研究的步骤展开（Yin，2003；

Eisenhardt，1989）。在研究中，本书先确定相关的研究问题，提出理论预设。为进一步明确研究问题的必要性及可研究性，本书搜集了大量相关文献，初步对智能制造企业数字化转型、组织创新能力有了整体认知，并进一步确定本书的理论预设。本书试图通过探索性案例研究对这些关系进行大致梳理。基于文献研究和理论分析，本书对主要变量之间可能存在的相互关系进行了预设。实操中不存在绝对理想的案例数目，案例数量的多寡并不会决定案例研究的质量（Eisenhardt，1991）。因此，过程研究的案例数量不宜过多。综上所述，本书研究中选取了 3 个案例进行探索性案例研究。

一、案例选择

案例分析法对案例文章的写作必不可少，这个方法不但被广泛应用于论文写作，在教学、企业调研中也都常常用到。案件分析法主要是利用发生在公司中的实际案件加以分析，找出产生问题的根本原因，其优点在于不用经常性地往返于公司进行调查，能够节约大量的时间进行调查与分析。并且，典型、生动的案例可以让其他未能亲见企业的专家通过案例给予一定的指导和意见，提升研究的权威性和科学性。

本书采用多案例研究，研究对象为企业数字化转型进展处于不同阶段的智能制造企业，企业位于不同省份，企业所属行业涵盖新能源、通信设备、数据中心等行业，企业的从业人员为 500 ~ 40000 人，营业收入为 30 亿 ~ 4000 亿元。据此，本书研究所选的三家企业样本是综合了地域和规模等要素后得出的。

二、数据收集方法

本书的案例研究数据源于深度访谈、文件调阅、媒体资料等，数据多源收集的目的在于使所收集到的数据更为全面和客观，便于对案例公司有相对全面的了解，且能避免受到主观视角的限制。在上述主要收集渠道中，文件调阅是本书的主要来源。这得益于样本企业的许多管理文件的起草和形成文件是在组织和领导下集体完成的，许多管理规范、流程制度等至今依然为企业所用。此外，在进行访谈数据收集时，需要与样本企业建立较强互信关系，从而提高收集信息的客观性和可靠性。

（一）事件分析法

本书研究的数据来源包括三家智能制造企业的资讯信息、年度报告中的信息以及对企业进行访谈获取的信息，以时间为轴线，系统地梳理了案例企业在每个月的项目经营活动，进而对这些活动进行了详尽的分析，并进行分类与编码。

（二）技术处理

针对年报等数据源可能存在的"选择性偏差"和"描述性偏差"的局限性，研究中也有针对性地采取了措施以降低偏差：一方面，本书选取的《公司报》出刊频率较高（一周出刊均在三次以上），有利于降低"选择性偏差"；另一方面，除了企业报告等之外，研究人员在编码时同时参考了访谈数据、各类文件档案记录、直接观察数据等多源数据，形成了三角验证。

三、数据分析方法

数据的收集和分析通常是重叠在一起的，而非彼此分立。本书先将所有的资料按照理论预设来分类并编码，具体信息包括企业的基本信息、企业数字化转型、商业模式创新、环境不确定性、动态能力、企业绩效等主要构念。基于上述构念进一步发展出变量维度，同时对它们进行更进一步的编码。本书中将理论构建分解成了几个假设，随后利用案例资料和事实来逐个检验其是否一致，并将其作为接受或拒绝假设的标准，最后，利用对各部分和假设之间的结构关系的描述和刻画来构建理论框架。

第三节 样本企业介绍

一、宁德时代

宁德时代新能源科技股份有限公司（简称宁德时代）创立于2011

年，总部位于中国福建省宁德市，是全球领先的新能源技术企业。作为一家被认定为国家级高新技术企业的公司，宁德时代因其在动力电池和储能电池领域的专业研究和广泛应用而受到国内外市场的高度认可。公司在全球设立了多个研发中心和生产基地，展现了其全球化的业务视野和技术创新力。至 2023 年底，宁德时代已成功打造 4 座零碳排放的工厂和 3 座高效的"灯塔工厂"。公司以数字化和智能化为主导，专注于替代传统化石能源，为全球客户提供卓越的新能源解决方案和服务。宁德时代的电池系统涵盖了多种化学体系，包括先进的凝聚态电池、高性能的三元高镍电池以及稳定的磷酸铁锂电池，能满足从乘用车到商用车、大型设备及电动船舶等各种需求。在储能技术上，宁德时代为客户提供从电池单体到全系统集成的全面解决方案，其产品可广泛应用于发电、输电、配电及用户端等多个场景。此外，公司通过商业模式创新，为客户提供"EVOGO 换电服务""骐骥换电服务""电动智慧无人矿山""光储充检智能充电站""智慧港口"等新能源应用解决方案和服务。

在制定企业战略的关键节点上，宁德时代深刻理解新质生产力的重要性，并以此为引领，积极推进数字化转型。公司通过不断引进和研发新技术，如先进的电池化学体系、智能制造技术等，以提升自身的核心竞争力，加速新质生产力的形成与提升，进一步推动了数字化转型的深入发展，而数字化转型又为新质生产力的释放提供了技术平台。通过这一系列的变革，宁德时代已逐步成为全球新能源技术领域的佼佼者。

（一）数字化转型

宁德时代针对锂电池行业的特性和公司自身发展需求，精心制定了智能制造战略。该战略融合了精益化、数字化和智能化的理念，致力于提升产品质量、降低成本并提高生产效率。为了实现这一目标，数智化建设紧密结合现场实际需求，广泛涵盖了智能物流、数字模拟、大数据分析、人工智能、高级排产系统、机器学习以及 5G 技术等众多先进应用。值得一提的是，在华为、中国移动等合作伙伴的大力支持下，宁德时代已成功建立起全国范围内覆盖面积最大的 5G 企业专用网络，总面积超过 500 万平方米，遍布福建、江苏、四川等多个省份的七大生产基地。公司以智能制造为基石，积极构建了新一代锂电池智能工厂，集数字化、网络化、精益化、智能化等特点于一身。这一创新模式在宁德时代内部得到了快速复制和持续优化，同时也为整个动力电池智能制造领域树立了新的标杆。

为了不断优化生产方式、提升生产效率并满足多变的市场需求，宁德时代持续加强并深化数字化建设，成功建立了从动力电池研发到生产的全流程制造体系。公司的数字化转型之路可以清晰地概括为四个主要阶段，即系统升级、物联网整合、数据驱动和人工智能辅助，这四个阶段共同构成了宁德时代数字化转型的坚实基石。首先，在系统升级阶段，宁德时代积极引入了 SAP 的企业资源计划系统。通过这一系统的全面实施，公司得以对采购、生产、销售及库存管理等核心业务流程进行全面优化和管理。这一举措不仅大幅提高了公司内部资源的配置效率，还为后续的数据深入分析和科学决策提供了坚实的数据基础。进入物联网整合阶段，宁德时代充分利用了物联网技术的优势，将生产设备、传感器、执行器等各种元素实现了全面连接。通过高效运行的制造执行系统，公司能够实时监控生产现场的各项数据，从而及时调整生产计划和工艺参数，确保整个生产过程的稳定性和高效性。此外，产品生命周期管理软件的广泛应用，也使得宁德时代能够对产品从设计到售后的全过程进行更为精细化的管理，进一步提升了产品质量和客户满意度。数据是数字化转型的核心要素，因此，在数据驱动阶段，宁德时代高度重视数据价值的挖掘。公司通过建立专业的大数据管理团队，并与天翼云、英特尔等行业领先企业进行深度合作，成功构建了高效的大数据分析平台。该平台不仅能够对生产过程中的数据进行实时采集、存储和处理，还能为公司的战略决策提供有力的数据支持和分析。在人工智能辅助阶段，宁德时代将人工智能技术广泛应用于质量检测、智能物流、视频监控等多个领域。通过与一些人工智能领军企业紧密合作，公司成功构建了先进的人工智能平台，实现了对生产制造各个环节的智能化管理和优化。这一平台不仅具备自动识别产品质量缺陷、优化生产流程等强大功能，同时还能为公司提供个性化的市场预测和营销策略建议，助力企业在激烈的市场竞争中保持领先地位。

（二）组织创新

宁德时代在电化学储能技术方面持有国家工程研究中心、福建省锂离子电池企业重点实验室，以及经过中国合格评定国家认可委员会认证的测试验证中心、21C创新实验室、未来能源（上海）研究院、厦门研究院、江苏研究院等各类研发机构，同时，还特设了博士后科研工作站和福建省院士专家工作站。为不断提升科研能力，宁德时代还与上海交通大学、清华大学、复旦大学及中国科学院等顶尖学府和科研机构进行了深入合作，致力于人才培养和科技创新。公司汇聚了一支拥有20604名技术研发人员的强大研发团队，其中还包括361名博士和3913名硕士。

宁德时代的研发工作全方位覆盖材料研发、产品研发、工程设计、测试分析、智能制造、先进装备、信息系统、项目管理以及回收利用等众多领域。报告期内，公司持续增加研发投入，不断完善并升级研发平台。基于对电化学及材料科学的深入理解，公司以强大的计算能力、先进的算法技术和海量的数据资源为基础，运用多物理场、多尺度、多参数的工艺建模仿真，借助数字化、智能化的研发手段，大力提升研发效率，推动材料创新、系统结构创新以及绿色极限制造创新，从而引领行业技术的持续发展。

"创新"一直被宁德时代视为公司发展的根本动力。"练好基本功、发挥想象力"是宁德时代内部创新文化的口号，这一口号随着公司在行业中的领先地位而日渐响亮。宁德时代坚信开放式创新能够实现不同国家、地域、企业和机构之间的资源与能力互补，通过优化组合内外部的创新能力，实现全社会创新资源的高效配置，进而全面提升创新效率，达到共享与共赢的目标。自2023年至今，宁德时代在商业模式上进行了更为开放的创新尝试，以"CATLInside"为代表的配套模式转型，标志着宁德时代正式开始发力"ToC"营销。此外，从宁德时代在两会期间提及的"V2G"到"B2G"概念，以及其在智能微网光储充检智能充电站解决方案和与各方在虚拟电厂的合作探索中，我们也可以看到公司创新的端倪。不仅如此，面对欧盟《新电池法》所提出的碳足迹溯源、电池护照等新要求，宁德时代作为行业领军企业和中国企业的代表之一，积极对外开展对话，与全球电池联盟、欧洲电池联盟等机构深度合作，共同推动和制定符合产业发展需求的碳足迹规则，并寻求其他规则、数据的互认。同时，宁德时代还在国内积极探索碳足迹溯源技术，不仅对碳足迹核算技术进行创新和专利布局，更在今年3月联手中国石化共同探索石油化工产品全生命周期的碳足迹测算方法。

（三）市场竞争

宁德时代作为全球领先的动力电池系统供应商，在新能源市场中独树一帜。随着全球对可再生能源和环保意识的日益增强，新能源行业的市场容量不断扩大为宁德时代带来了巨大的发展机遇。然而，与此同时，众多企业看到了这一趋势，纷纷涌入新能源市场，导致市场竞争日益激烈。在这样的背景下，宁德时代展现出了其卓越的技术实力和创新能力。面对产品同质化的问题，公司不断投入研发，推动技术创新，致力于提供高性能、高安全性的动力电池产品。通过不断优化电池材料、结构和制造工艺，宁德时代成功打造出了具有差异化竞争优势的产品。此外，宁德时代还以其丰富的产品线和定制化服务赢得了客户的青睐。这种定制化的服务模式不仅满足了客户的多样化需求，还进一步提高了客户黏性，巩固了市场地位。而为了应对激烈的市场竞争，宁德时代同样还在积极推进国际化布局和不断拓宽业务领域，通过与国际知名汽车制造商的合作，公司的品牌影响力和市场份额不断提升；从乘用车到商用车，从陆地到海洋，都有宁德时代的电池产品在为各类交通工具提供动力。

宁德时代在新能源市场竞争中表现出显著的竞争力和发展潜力。随着电动汽车和可再生能源市场的迅速扩展，该公司在全球范围内都取得了突出成绩。特别是在动力电池领域，宁德时代借助其产品的高性能和高安全性，加上不断的技术革新，已成功占据市场领导地位。SNE机构的数据显示，2023年，宁德时代的动力电池全球使用量市场份额达到36.8%，连续七年稳居全球首位，充分反映了其在动力电池市场的强劲竞争力和获得的广泛认可。在储能电池领域，宁德时代储能电池系统的销量达到69GWh，其全球出货量市场份额高达40%，连续三年居全球首位。随着全球能源结构的优化和可再生能源的广泛应用，储能市场需求的持续增长，更为其提供了广阔的发展前景。宁德时代海外市场数据的表现同样十分亮眼，2023 年海外收入达 1309.92 亿元，同比增长 70.29%，占整体营收比例已经达到 32.67%。这一增长势头表明，宁德时代正在积极拓展海外市场，以不断提升其在全球范围内的市场份额。与多家海外主流汽车制造商的定点合作进一步加强了其在国际市场的地位。而凭借自身在技术上的强大实力、多样化的产品线、定制化服务及国际化战略布局，宁德时代有望在未来激烈的市场竞争中继续保持领导地位。

（四）创新绩效

在知识产权方面，宁德时代已拥有 8137 项境内专利和 1850 项境外专利，此外，还有合计 19500 项境内和境外专利正处在申请过程中。2023 年企业年报显示，宁德时代全年研发投入达 184 亿元，通过持续科技创新引领行业发展，其发布的全球首款磷酸铁锂 4C "神行超充电池" 成为全球动力电池行业首个获得 AUTOBEST（欧洲最火的独立汽车媒体评奖机构）最佳技术奖的产品[①]，开启了新能源车超充时代；峰值 5C 快充麒麟电池实现量产，再次引领技术进步。在储能电池方面，宁德时代同样取得了显著进展。公司发布了兼具长寿命、高安全性和高效率的零辅源光储直流耦合解决方案，该方案不再依赖于传统的冷却系统和辅助电源。同时，公司还升级了 EnerOne Plus 和 EnerD 等产品，相较于上一代，这些产品在能量密度和充放电效率上有了显著提升，并在超级充电站等场景得到了广泛应用。

宁德时代不仅注重技术创新，还高度重视企业的可持续发展和社会责任。公司正式加入了联合国全球契约组织，以实际行动推动全球可持续发展目标的实现。同时，宁德时代在 ESG 治理方面也取得了显著成绩，其 MSCI 评级维持在 A 级，S&P ESG 分数持续上升，Sustainalytics 评估结果为低风险，均处于行业领先水平。为了响应全球减碳行动，宁德时代还在 2023 年明确提出了零碳战略目标，致力于在 2025 年实现核心运营的碳中和，并在 2035 年实现价值链碳中和，目标是成为全球首

---

① 商业动态［J］. 经理人，2024（1）：78.

个实现零碳排放的电池行业领军企业。

二、香江科技

香江科技股份有限公司（简称香江科技）成立于 1999 年，注册资本 2 亿元，拥有员工 660 余名，年销售收入 30 亿元，目前已在国内设立了 10 个分公司和 31 个办事处。自成立以来，始终定位于通信基础设施领域，产品涉及数据中心配电、5G 基站供电，具备完善的整体解决方案及项目整体实施能力，是 IDC（互联网数据中心）行业内完全覆盖设计规划、工程建设、设备制造、系统集成、投资运维及增值服务全产业链的头部企业。香江科技拥有较强的生产制造实力，建有十余万平方米智能化生产基地，从国外引进多台先进数控生产设备与检测设备，拥有一流的基础设施和技术团队，通过建立完善的质量安全风险管控体系，建设高标准 CNAS 实验室、焓差实验室等，运用先进的质量检测手段，确保产品及服务质量，为客户提供高性能、高可靠、节能环保型产品及服务，企业积极与世界领先行业跨国公司合作，已获得施耐德、ABB、西门子等国际品牌的高低压柜授权资质，每年生产各类授权中低压柜上万台。香江科技是一家具有社会责任感的企业，注重公益及慈善事业，成立"香江慈善基金"，历年来提供巨额资金支援地方教育及公益事业，致力成为有情怀、有担当，具有责任感及使命感的企业，企业形象积极、正面。

随着科技的不断进步，市场竞争也日益激烈。正是因为香江科技敏锐地意识到传统生产力已经难以适应快速变化的市场需求，为了保持竞争优势，公司开始积极探索创新的生产模式。新质生产力以科技创新和智能化应用为特点，通过引进和融合最先进的技术，显著提升企业的生产效率，同时不断优化产品质量。正是看到了新质生产力的巨大潜力，香江科技将此作为推动其数字化转型的核心动力，通过精确数据分析和智能化管理，实现了生产流程的最优化。此战略转型不仅显著提高了公司的生产效率，更保证了产品质量的稳定提升，从而使公司在未来的市场竞争中脱颖而出，实现长远的可持续发展。

（一）数字化转型

2018 年，香江科技与其主板上市公司进行资产重组，在有了更多的资金支持后，香江科技才真正地走上了数字化转型的道路。公司继续提高对新品的研究和开发力度，增加对数据中心的投资、建设和运营力度，以企业的数据中心为基础，以云平台为载体，以应用服务为核心，最终实现以数据服务为目的的商业模式，助力数字城市建设以及物联网技术的应用。在硬件方面，引进了大量的先进数控生产设备和产品检测设备；在软件方面，注重生产管理，采用 ERP 和 MES 管理体系和 OA 系统，对产品生产进度和品质进行把控。

（二）组织创新

IDC 行业业务的扩张需要大量专业人才的支撑，对此，香江科技建立了行业领先的"香江云动力研发中心"，拥有智能配电、机房环境冷却技术和 5G 通信电源及光网络接入设备等多个研发团队，各类技术研发人员 100 余名，占公司总人数 18%，每年投入千万元用于新产品的开发、技术改进以及具备前瞻性技术的研究工作，创建了"江苏省工程技术研究中心""江苏省企业技术中心""镇江市工程技术研究中心""镇江新区企业研发机构"等，建有 CNAS 实验室、工程技术检测中心和 5G 电源综合测试平台、焓差实验室等。软件方面，加强与清华大学、北京大学、中国电子科技大学等高校的合作，组成了"产、学、研"一体的生产研发团队。

香江科技引进和培养了一批高、中级技术和管理人才，香江科技有一个在同行业领域有着极高知名度的"企业大学"，参与培训的成员是来自公司各个岗位的骨干，该企业大学的理念是"借鉴别人、综合自己"，至今为止，企业大学已经举办了多期，所有参与企业大学的员工均已成为香江科技的骨干力量。香江科技对外筑巢引凤、广招贤良；对内以香江学院为平台，打造高层次、全覆盖的学习型企业。

为了适应企业数字化转型的需要，香江科技对自身的组织结构也进行了相应的改进调整，企业总裁办下设营销中心、财务中心、管理中心、采购中心、智能化事业部、制造中心等若干部门。营销中心按地域划分为西北分公司、华北分公司、华中分公司、华东分公司、华南分公司、西南分公司、政企分公司，按业务类型进一步划分为政企事业部、集采事业部、售前支撑、项目信息管理和合同结算。制造中心是香江科技的重要部门，对于 IDC 行业物理链制造商来说，如何保证产品的品质与交期至关重要，而管理上的创新成为了香江科技制胜同行业的关键"筹码"，制造中心按照产品线细分为配电产品线、母线产品线和网格产品线，按照职能进一步划分为计划交付中心和售前支撑（解决方案规划），保证产品高质量按期交付。

（三）市场竞争

香江科技与主板上市公司进行资产重组后，打通了 IDC 行业从设备端到运营端的所有产品，实现了产业链全覆盖，可以向客户提供从信息基础设施到数字城市的整体方案以及具体运营，提升了自身在产业链中的综合竞争实力。

IDC 行业内企业的竞争力主要来源于企业的资源禀赋、资金实力和运营技术，该行业存在较高的资金壁垒和技术壁垒，市场集中度高，主要的市场份额被第一梯队企业（中国电信、中国移动、中国联通三大基础电信运营商）占据，第一梯队企业的市场份额超过一半，其他企业的议价能力有限，市场格局较为稳定，故市场竞争强度较低。

（四）创新绩效

香江科技成为了国内第一家全产业链云基础设施服务商，同时具备顶层设计、系统集成及数据中心解决方案服务能力和 IDC 投资运营能力。超过 1000 个超大型、大型数据中心服务案例和团队超过 20 年数据中心解决方案服务经验，各项产品及技术专利超过 300 项，拥有多家世界 500 强客户及合作伙伴，致力于产业链共同发展。

三、川开电气

川开电气有限公司（简称川开电气）成立于 1980 年，是某电气行业上市公司的全资子公司，川开电气主要从事输配电成套设备设计制造、智能能源系统以及技术咨询等业务。

川开电气的企业使命是"让能源更智慧、让世界更美好"，其积极践行绿色低碳发展新理念，发挥输配电设备行业链主企业优势，持续构建高效共赢的产业链生态圈，全力打造中国输配电设备行业百亿级生态平台，成为让社会满意、客户信赖、使员工幸福的卓越企业。川开电气拥有我国西南地区规模最大的电器开关研发生产基地，拥有 15 万平方米生产厂房、11 条自动化生产线，连续五年荣登四川制造业企业 100 强，整体规模和实力名列西南第一、全国前十。

川开电气一直在行业内积极推动和实践生产力的创新，面对市场的快速变化和日益增长的需求，公司始终专注于培育和发展符合现代发展趋势的新质生产力。这种以数据为驱动核心的新质生产力，结合了最新的自动化技术，旨在彻底改造传统生产流程，从而实现生产方式的高效和灵活。通过整合尖端的信息技术与工业自动化技术，川开电气不仅大幅提高了生产效率、降低了运营成本，同时也显著提升了产品质量和客户满意度。为了全面实现这一技术变革，川开电气已经制定了一套全面的数字化转型战略，通过不断的技术创新，确保企业向智能化、自动化的未来稳步前行。

（一）数字化转型

为了使生产过程智能化、可视化，川开电气应用了 WMS 方案，将企业的看板与产线集成，从而实现数据可视化、实时化交互，从而在生产过程中实现多种叫料模式的数字化管理。

川开电气使用多种适配算法策略优化作业绩效。根据川开电气的实际业务场景设定和优化分配策略、上架策略、补货策略、拣货策略，提高各个环节的精益化管理，实现整体作业的高效、智能、精益。分配策略是指按照同一项目号进行存放与分配，便于后续拣货作业；上架策略是指应对业务需求变化，可为每一种产品上架分别定义不同的策略；补货策略则根据商品出库量和频次做 ABC 分类，调整和优化商品布局；针对不同订单结构制定不同拣货策略，完全可配置实现 10＋种拣货模式，提高拣货效率。

川开电气实现货物的多样性管理。企业主营业务决定了其需要管理的货物类型多样，包括开关、钢材、板材、导线、化学品等类型的货物，同仓业态丰富：多形态原材料配送与加工及成品自营业务等；对接外部系统多，如 SAP ERP、EORDER 等；系统用户多：多公司、多实体、多角色，各个用户组管理规范及流程不一。

川开电气使用 FLUX WMS 系统实现业务可视化管理，该系统对接上下游的 ERP 和 EORDER 系统，多系统高效协同，实时获取业务数据并可视化展现业务全景。各个作业区域设置电子看板，作业绩效、作业进度等全程可视化，多维报表展示各库区作业劳效、绩效考核。

（二）组织创新能力

在生产计划方面，川开电气建立了完整的生产计划管理流程，提升了计划按时完成率及客户按时交付率。

在项目管理方面，川开电气与母公司共同打造了适合面向订单设计（engineering to order，ETO）企业的项目管理型组织架构及流程，实现项目管理专人化、项目成本精准化、项目过程透明化。

在精益生产线方面，川开电气使用 E-Order 订单排产系统，成功打造了二条精益化生产线，实现了从传统的"地摊式生产"向"单台流水线生产"模式的转变。E-Order 订单排产系统能够将生产计划的周计划转换成日计划，然后下发到产线进行生产过程的管控，包括生产订单追踪系统（e-traceability）、及时化管理系统（e-andon）和及时化响应系统（e-SIM），生产订单追踪系统能够追溯每一台开关柜甚至每一道工序的生产状态，及时化响应系统可以在生产现场出现意外情况时第一时间反馈给相关人员，及时化管理系统则打造了一个从底层到高层的高效信息沟通平台。

由生产计划、项目管理和精益生产线三方面开展的组织创新模式严密保证了精益化管理理念的有效落实，平台上的数据也为企业持续改善提供了清晰的依据和方向，把精益化管理方案的"疗效"发挥到最大。

（三）市场竞争

川开电气所属的输配电设备行业竞争强度较高，从事输配电设备生产和销售的企业数量较多，截至 2022 年，我国共有输配电设备生产企业 30000 多家，且这些企业主要聚集在以江苏省、浙江省为代表的华东地区，市场处于扩张发展阶段，吸引力较强，存在资质壁垒、品牌壁垒、技术壁垒和资金壁垒，新企业难以在短时间内进入市场。

（四）创新绩效

经过智能化升级，仓储管理的智能化、可视化和可扩展性得到了显著提升，从而实现了精益化的管理方式。目前，库存准确率已超过99.9%，库内作业已全面实现无纸化，并且库存管理已完全数字化。企业物流数据可视化率更是达到了100%，与产线叫料系统紧密联动，有效节约了作业成本。此外，川开电气的 WMS 系统极高的灵活性和可配置性使得新业务模式能够快速部署和实现。

第四节　资料分析与编码

收集完成宁德时代、香江科技、川开电气三个企业基本资料之后，根据"扎根范式"的步骤，运用 Xmind 软件将三个企业的基本资料进行编码整理，提炼出研究所需的核心范畴、开放性编码和选择性编码。研究的核心概念为"智能制造企业数字化转型、组织创新能力对创新绩效的影响"。首先进行开放性编码，得到 126 个编码支持，抽象出 3个能够解释"智能制造企业创新绩效影响"的核心范畴；其次，进行选择性编码，对 3 个核心范畴进行多次抽象定义和比较，补充相关的数据资料使之完全饱和；最后，3 个核心范畴得到 4 层 137 个编码，达到饱和程度。本书的核心范畴、开放性编码和选择性编码如表 3 - 1 所示。

表 3 - 1 　　　　　　　　　核心范畴及编码

核心范畴	开放性编码（层级）	选择性编码（层级）
数字化转型	51（3）	54（4）
组织创新能力	35（3）	40（4）
市场竞争强度	40（3）	43（4）

一、数字化转型

在数字经济时代，传统制造企业的运营模式已不再能够适应新的市场环境，面临发展瓶颈。为了突破发展瓶颈，智能制造企业纷纷开始数字化转型之路，在产业链中处于主导地位的大型企业、实力较强的企业率先开展数字化转型。随着产业生态的改变，参与数字化转型的企业也逐渐由大型企业扩展为中型企业、中小型企业。数字化转型浪潮来势汹汹，大量企业开始了数字化转型的探索，将有限的资金和资源投入数字化转型中。数字化转型的解决方案不胜枚举，因此，为了提升资源的利用效率和转型效果，有必要对具体的数字化转型措施与企业自身特点进行匹配，选择最适合自身的数字化转型方案。数字化转型方面的数据，如表3-2所示。

表3-2   数字化转型数据及部分编码

数据	编码
宁德时代：建立统一计划平台，使用数字化平台链接设计任务、生产任务、销售任务和采购任务，在该平台实现数据流、业务流和资金流的"三流合一"；统一数据交互的标准，对物料的标准化、产品全生命周期、项目全过程质量、变更全局影响评估进行标准的、严格的管控；采用MES和APS相结合的系统进行智能制造管理，结合企业现有的资源信息进行生产排程，完成生产排程后将数据发送至终端设备，生产过程以及生产结果通过终端设备汇报，生产活动的执行进度也会在屏幕上展示，便于进行进度查询	企业推进智慧制造 企业构建数据治理体系 企业建设数字技术赋能平台 企业建立统一计划平台 企业统一数据交互的标准 企业对产品全生命周期进行管控 企业对项目全过程质量进行管控 企业建立智能制造管理系统 企业生产过程和生产结果通过终端设备汇报 企业生产进度在终端设备展示
香江科技：为了进行数字化转型，企业首先进行资产重组，借助更加雄厚的资金开始了企业的数字化转型之路。公司进一步加大新品研发投入，加大数据中心的投资、建设与运营，以数据中心为基础、以云平台为载体、以应用服务为核心、最终实现以数据服务为目标的业务模式，助力数字城市、泛在物联。在硬件方面，引进了大量的先进数控生产设备和产品检测设备；在软件方面，注重生产管理，采用ERP和MES管理体系和OA系统，对产品生产进度和品质进行把控	企业进行资产重组，开始数字化转型 企业加强数据中心的建设与运营 企业以数字化转型云平台为载体 企业引进数控生产设备和产品检测设备 企业采用ERP和MES管理体系 企业把控产品生产进度和品质
川开电气：企业的数字化车间改造不局限于实现车间数字化能力，更注重为实现智能化生产做铺垫，其实现的基础是5G+工业互联网，利用低延时的特点和工业互联网平台的思维进行改造。在公司洁净有序的生产车间里，1名技术工人依托数控设备和5G网络，通过加工信息端自动化的采集、运算，实现了与系统指令的完美接轨，生产线按照既定程序进行着智能化的识别、调整、修复、挑拣等运转作业。通过制造智能化，生产线从原先2人控制1台设备到现在6台设备仅需1名技术工人。公司利用互联网、大数据等数字化手段，将智能化贯穿在生产、物流和服务等各个相关领域。就企业而言，不断迎来智能制造带来的"红利"	企业将生产过程智能化、可视化 企业将看板与产线集成 企业应用WMS方案 企业优化补货策略和产品分配策略 企业根据商品出库量，对库存商品进行ABC分类

在访谈数据的基础上，首先对"数字化转型"核心范畴进行开放性编码，得到3层共计51个开放性编码支持，如表3-3所示。

表3-3 数字化转型开放性编码

核心范畴	范畴	概念
数字化转型	统一标准	企业建立统一计划平台
		企业统一数据交互的标准
		企业优化补货策略和产品分配策略
	数字化战略	企业采用 ERP 和 MES 管理体系
		企业进行资产重组开始数字化转型
		企业构建数据治理体系
		企业利用数字技术创造新业务机会
		企业使用多种适配算法策略优化作业绩效
		企业吸收和培养数字化人才
		企业运用数字化技术重构管理流程
		企业将线下营销转为线上进行
		企业让客户参与产品设计
	过程监控	企业把控产品生产进度和品质
		企业根据商品出库量，对库存商品进行 ABC 分类
		企业生产进度在终端设备展示
		企业生产过程和生产结果通过终端设备汇报
		企业对产品全生命周期进行管控
		企业对项目全过程质量进行管控
	智能化设备	企业引进数控生产设备和产品检测设备
		企业具有大量的监控器设备
		企业拥有大量显示终端设备
		企业拥有工业以太网接口
		企业拥有现场总线接口
		企业拥有现代化的生产设备
		企业实现了人机交互
		企业实现了机机交互

续表

核心范畴	范畴	概念
数字化转型	数据资产	企业商品使用电子标签
		企业加强数据中心的建设与运营
		企业创新数据资产管理体系
		企业整合企业内的数据资源
		企业善于使用大数据技术
		企业设置专业的数据库运营团队
	数据平台	企业以数字化转型云平台为载体
		企业建立业务、财务和税务一体化平台
		企业整合产品信息库
		企业实现产品设计信息共享
		企业的数字平台便于收集处理数据
	数字化平台维护	企业建设数字化赋能平台
		企业向组织成员推广数字化平台
		企业的数字化平台具有较强的吸引力
	管理平台	企业将员工管理系统进行移动集成
		企业建立员工知识共享平台
		企业采用 OA 系统
		企业实现数字化财务管理
	智能生产	企业将生产过程智能化、可视化
		企业推进智慧制造
		企业将看板与产线集成
		企业应用 WMS 方案
		企业建立智能制造管理系统
		企业实现模块化生产
		企业构建自预警、自适应的智能工厂

完成开放性编码后，进行选择性编码过程，将"数字化转型"支持数据做进一步抽象对比，得到 4 层共计 54 个编码的支持并实现了饱和，如表 3 - 4 所示。

表 3 – 4　　　　　　　　　　　数字化转型选择性编码

核心范畴	副范畴	范畴	概念
数字化转型	战略转型	过程监控	企业把控产品生产进度和品质
			企业根据商品出库量，对库存商品进行 ABC 分类
			企业生产进度在终端设备展示
			企业生产过程和生产结果通过终端设备汇报
			企业对产品全生命周期进行管控
			企业对项目全过程质量进行管控
			企业配套完整的检测设备
		统一标准	企业建立统一计划平台
			企业统一数据交互的标准
			企业优化补货策略和产品分配策略
		数字化战略	企业采用 ERP 和 MES 管理体系
			企业提前规划数字化转型路线图
			企业进行资产重组，开始数字化转型
			企业构建数据治理体系
			企业利用数字技术创造新业务机会
			企业使用多种适配算法策略优化作业绩效
			企业吸收和培养数字化人才
			企业运用数字化技术重构管理流程
			企业将线下营销转为线上进行
			企业让客户参与产品设计
		智能生产	企业将生产过程智能化、可视化
			企业推进智慧制造
			企业使用 APS 智能排产系统
			企业将看板与产线集成
			企业应用 WMS 方案
			企业建立智能制造管理系统
			企业实现模块化生产
			企业构建自预警、自适应的智能工厂

续表

核心范畴	副范畴	范畴	概念
数字化转型	数字资产	智能化设备	企业引进数控生产设备和产品检测设备
			企业具有大量的监控器设备
			企业拥有大量显示终端设备
			企业拥有工业以太网接口
			企业拥有现场总线接口
			企业拥有现代化的生产设备
			企业实现了机机交互
		数据资产	企业商品使用电子标签
			企业建立数据资产目录
			企业加强数据中心的建设与运营
			企业创新数据资产管理体系
			企业整合企业内的数据资源
			企业善于使用大数据技术
			企业设置专业的数据库运营团队
	数字化平台	数字化平台维护	企业建设数字化赋能平台
			企业向组织成员推广数字化平台
			企业的数字化平台具有较强的吸引力
		管理平台	企业将员工管理系统进行移动集成
			企业建立员工知识共享平台
			企业采用 OA 系统
			企业实现数字化财务管理
		数据平台	企业以数字化转型云平台为载体
			企业建立业务、财务和税务一体化平台
			企业整合产品信息库
			企业实现产品设计信息共享
			企业的数字平台便于收集处理数据

完成开放性编码和选择性编码后，"数字化转型"对企业创新绩效的影响可从战略转型、数字资产、数字化平台三个方面进行解释。首先，从战略层面对企业的发展方向进行把握，明确企业发展战略后，才能着手选择合适的数字化转型措施。想完成数字化转型，战略转型是至关重要的。其次，数字资产是企业数字化转型的硬件保证。数字资产应当如何购置以及如何高效利用数字资产使数字资产发挥最大的作用、帮助企业降低运营成本、提升生产效率，是企业应当精打细算的内容。最后，数字化平台能够帮助企业实现各个运营环节的协同，对内可以高效管理员工、促进各部门各层级的沟通，对外能与其他企业加强联系，提升自身响应变化的能力，更好地适应市场环境。

二、组织创新能力

组织创新能力反映了企业的职权划分、协作关系以及组织整体运营水平，组织创新能力强弱直接影响到企业创新活动的效率，组织创新能力的意义在于帮助企业实现自身内部结构与外部环境变化的统一，根据市场环境的变化对企业内部各个组织要素进行创造性的调整，使企业克服资源的限制，用有限的资源打造企业的竞争优势。组织创新的方案和方向有许多，不同类型企业采用同样的组织创新方案，效果是不同的，因此，企业应寻求组织创新与企业实际情况的匹配，采取对于创新绩效提升最有效的举措开展组织创新活动。组织创新能力方面的数据如表 3 - 5 所示。

表 3 - 5 组织创新能力数据及部分编码

数据	编码
宁德时代设立了专业程度较高的研发部门，与上海交通大学联合成立"21C 创新实验室"，与清华大学、厦门大学等知名高校建立长期战略合作关系。实现车间扁平化的管理，让管理者可以对车间生产和品质状况精准掌控，并以此作出决策。实现异常事件及时预警、处理，保障问题得到及时有效的解决。对物料、人员、设备、工艺、工具等生产关键因素进行质量管控、追溯以及改进（如工艺参数精准化），实现产品品质的提升。通过全流程追溯实现降低人员管理成本、企业报废成本与返工成本，实现整体运营成本降低以及企业盈利能力的提升	企业与高校联合成立实验室 企业高校建立长期战略合作关系 企业实现扁平化管理 企业降低人员管理成本 企业降低报废成本和返工成本

数据	编码
香江科技：建立了行业领先的"香江云动力研发中心"，拥有智能配电、机房环境冷却技术和5G通信电源及光网络接入设备等多个研发团队，每年投入千万元用于新产品的开发、技术改进以及具备前瞻性技术的研究工作，加强与清华大学、北京大学、中国电子科技大学等高校的合作，组成了"产、学、研"一体的生产研发团队。引进和培养了一批中高级技术和管理人才，成立"企业大学"，参与培训的成员是来自公司各个岗位的骨干，企业大学的理念是"借鉴别人、综合自己"，所有参与企业大学的员工均已成为香江科技的核心力量。对外筑巢引凤、广招贤良，对内以香江学院为平台，打造高层次、全覆盖的学习型企业。对自身的组织结构也进行了相应的改进调整，企业总裁办下设营销中心、财务中心、管理中心、采购中心、智能化事业部、制造中心等若干部门。营销中心按地域划分为西北分公司、华北分公司、华中分公司、华东分公司、华南分公司、西南分公司、政企分公司，按业务类型进一步划分为政企事业部、集采事业部、售前支撑、项目信息管理和合同结算。制造中心按照产品线细分为配电产品线、母线产品线和网格产品线，按照职能进一步划分为计划交付中心和售前支撑	企业注重研发团队建设 企业进行产学研融合 企业引进技术人才和管理人才 企业组建"企业大学" 企业注重培养公司岗位的骨干人员 企业打造学习型组织 企业对组织结构进行改进调整 企业按照地域和业务类型划分营销部门 企业按照产品线细分制造部门
川开电气：与母公司建立了完整的生产计划管理流程，提升了计划按时完成率及客户按时交付率。打造了适合面向订单设计（engineering to order，ETO）企业的项目管理型组织架构及流程，实现项目管理专人化、项目成本精准化、项目过程透明化。使用e-order订单排产系统，成功打造了三条精益化生产线，实现了从传统的"地摊式生产"向"单台流水线生产"模式的转变。e-order订单排产系统能够将生产计划的周计划转换成日计划，然后下发到产线进行生产过程的管控，包括生产订单追踪系统、及时化管理系统和及时化响应系统，生产订单追踪系统（e-traceability）能够追溯每一台开关柜甚至每一道工序的生产状态，及时化响应系统（e-andon）可以在生产现场出现意外情况时将其第一时间反馈给相关人员，及时化管理系统（e-SIM）则打造了一个从底层到高层的高效信息沟通平台	企业按照生产计划管理流程进行生产管理 企业打造适合ETO的项目管理框架 企业实现项目管理专人化 企业实现项目成本精准化 企业实现项目过程透明化 企业打造精益化生产线 企业实现及时化管理 企业实现及时化响应

在访谈数据的基础上，对"组织创新能力"核心范畴进行开放性编码，得到3层共计35个开放性编码支持，如表3-6所示。

表 3 – 6　　　　　　　　　　组织创新能力开放性编码

核心范畴	范畴	概念
组织创新能力	激励机制	企业注重培养公司岗位的骨干人员
		企业改善组织绩效政策
		企业将员工个人目标与组织目标结合
	动力机制	企业以消费者需求为中心改进服务
		企业加速目标实现
		企业建立以 APS 计划为核心的企业计划管理平台
		企业打造以创新为中心的企业文化价值观
	运行机制	企业按照地域和业务类型划分营销部门
		企业按照产品线细分制造部门
		企业按照生产计划管理流程进行生产管理
		企业打造适合 ETO 的项目管理框架
		企业实现项目管理专人化
		企业实现项目过程透明化
		企业打造精益化生产线
		企业实现及时化响应
		企业实现及时化管理
	产学研合作	企业与高校联合成立实验室
		企业高校建立长期战略合作关系
		企业与高校合作建立技术研发中心
		企业进行产学研融合
	组织结构	企业实现扁平化管理
		企业注重研发团队建设
		企业对组织结构进行改进调整
		企业将职权下放到基层员工
		企业对组织结构的要素进行调整
	管理优化	企业降低人员管理成本
		企业降低报废成本和返工成本
		企业引进技术人才和管理人才
		企业加强部门间沟通
		企业创新管理制度
		企业缩短结账周期
	组织学习	企业打造学习型组织
		企业组建"企业大学"
		企业学习新的知识

完成开放性编码后进行选择性编码过程，将"组织创新能力"支持数据做进一步抽象对比，得到 4 层共计 40 个编码的支持并实现了饱和，如表 3 - 7 所示。

表 3 - 7　　　　　　　　　　组织创新能力选择性编码

核心范畴	副范畴	范畴	概念
组织创新能力	创新机制	动力机制	企业以消费者需求为中心改进服务
			企业加速目标实现
			企业打造以创新为中心的企业文化价值观
			企业进行目标管理
			企业建立以 APS 计划为核心的企业计划管理平台
		运行机制	企业按照地域和业务类型划分营销部门
			企业按照产品线细分制造部门
			企业按照生产计划管理流程进行生产管理
			企业打造适合 ETO 的项目管理框架
			企业实现项目管理专人化
			企业实现项目过程透明化
			企业打造精益化生产线
			企业实现及时化响应
			企业实现及时化管理
		激励机制	企业注重培养公司岗位的骨干人员
			企业改善组织绩效政策
			企业将员工个人目标与组织目标结合
			企业鼓励员工的冒险行为
			企业改善员工的工作条件
			企业完善员工晋升机制
	组织创新	组织学习	企业打造学习型组织
			企业组建"企业大学"
			企业学习新的知识
		产学研合作	企业与高校联合成立实验室
			企业高校建立长期战略合作关系
			企业与高校合作建立技术研发中心
			企业进行产学研融合

续表

核心范畴	副范畴	范畴	概念
组织创新能力	组织创新	组织结构	企业实现扁平化管理
			企业注重研发团队建设
			企业对组织结构进行改进调整
			企业将职权下放到基层员工
			企业根据环境变化对组织结构进行调整
			企业对组织结构的要素进行调整
		管理优化	企业降低人员管理成本
			企业降低报废成本
			企业降低返工成本
			企业引进技术人才和管理人才
			企业加强部门间沟通
			企业创新管理制度
			企业缩短结账周期

完成开放性编码和选择性编码后，"组织创新能力"对企业创新绩效的影响可从组织创新和创新机制两个方面解释。企业创新机制包括动力机制、激励机制和运行机制，企业的创新机制阐释了企业运营的底层逻辑和基本规则，它影响着企业员工进行创新活动的动机，从而影响了创新活动的效率。组织创新则包括组织学习、产学研合作、组织结构以及管理手段优化等内容，合理的职权分配会让创新活动更加顺畅。当企业产出了创新成果，还要经历将创新成果投入实际应用、检验效果并优化的过程。组织创新使创新成果能够更加快速地完成验证，从而正式投入使用，提升企业的经营绩效。

三、市场竞争强度

任何企业所处的市场都有各自的特点，例如，在不同的市场竞争强度下，企业感受到的氛围是不同的。有的氛围会让企业有危机意识，从而斗志昂扬地进行创新活动；有的氛围会让企业骄傲自大，对产品研发和创新产生懈怠。市场竞争是把双刃剑，企业应当善于利用市场竞争，趋利避害，将市场竞争压力转化为创新动力，规避其负面影响。市场竞争强度方面的数据如表 3－8 所示。

表 3－8　　　　　　　　　市场竞争强度数据及部分编码

数据	编码
宁德时代：宁德时代作为全球新能源汽车行业动力电池系统的主要供应商，在广阔的新能源市场中占据了重要位置。新能源行业市场容量巨大，为宁德时代提供了广阔的发展空间，但同时众多企业的涌入也使得市场竞争变得尤为激烈。在这样的背景下，产品同质化成为一个不可忽视的问题，不过，宁德时代通过不断的技术革新和产品优化，努力打造出属于自身的差异化竞争优势。面对多样化的新能源产品品类，宁德时代专注于动力电池及储能电池领域，通过丰富的产品线和定制化服务，满足了不同客户的多样化需求。这种定制化的服务模式不仅提高了客户黏性，还进一步巩固了公司的市场地位。为了应对日益激烈的市场竞争，宁德时代还积极推进国际化布局，打造自己成为消费者首选品牌	企业是全球新能源汽车行业动力电池系统的主要供应商 动力电池行业市场容量大 动力电池市场企业数量多 动力电池行业产品同质化严重 动力电池行业产品品类多 企业发展定制化服务 企业提高客户黏性 企业打造消费者首选品牌
香江科技：企业打通了 IDC 行业从设备端到运营端的所有产品，实现了产业链全覆盖，可以向客户提供从信息基础设施到数字城市的整体方案以及具体运营，提升了自身在产业链中的综合竞争实力。IDC 行业内企业的竞争力主要来源于企业的资源禀赋、资金实力和运营技术，该行业存在较高的资金壁垒和技术壁垒，市场集中度高，主要的市场份额被第一梯队企业（中国电信、中国移动、中国联通三大基础电信运营商）占据，第一梯队企业的市场份额超过一半，其他企业的议价能力有限，市场格局较为稳定，故市场竞争强度较低	企业实现产业链全覆盖 企业为客户提供整体方案 企业竞争实力强 IDC 行业资金壁垒高 IDC 行业技术壁垒高 IDC 行业市场集中度高 IDC 行业主要市场份额被三大基础电信运营商垄断 IDC 行业市场格局稳定 IDC 行业市场竞争强度低
川开电气：川开电气所属的输配电设备行业竞争度较高，从事输配电设备生产和销售的企业数量较多，截至 2022 年，我国共有输配电设备生产企业 30000 多家，且这些企业主要聚集在以江苏省、浙江省为代表的华东地区，市场处于扩张发展阶段，吸引力较强，存在资质壁垒、品牌壁垒、技术壁垒和资金壁垒，新企业难以在短时间内进入市场	输配电设备行业竞争强度较高 输配电设备行业企业数量多 输配电设备行业企业聚集在华东地区 输配电设备市场处于扩张阶段 输配电设备行业存在资质壁垒 新企业难以在短时间进入输配电设备市场

　　在访谈数据的基础上，对"市场竞争强度"核心范畴进行开放性编码，得到 3 层共计 40 个开放性编码支持，如表 3－9 所示。

表 3 - 9　　　　　　　　　市场竞争强度开放性编码

核心范畴	范畴	概念
市场竞争 强度	用户群体	企业是全球新能源汽车行业动力电池系统的主要供应商
		企业发展定制化服务
		企业可以向客户提供从信息基础设施到数字城市的整体方案
		企业可以向客户提供具体方案
		企业注重与客户的沟通
		企业降低产品价格吸引消费者购买
	市场壁垒	IDC 行业资金壁垒高
		IDC 行业技术壁垒高
		IDC 行业市场集中度高
		输配电设备行业存在资质壁垒
		输配电设备行业存在品牌壁垒
		输配电设备行业存在技术壁垒
		新企业难以在短时间进入输配电设备市场
		低端动力电池行业壁垒低
	竞争对手	动力电池行业市场企业数量多
		IDC 行业主要市场份额被三大基础电信运营商垄断
		IDC 行业市场格局稳定
		行业内企业议价能力有限
		输配电设备行业企业数量多
		输配电设备行业企业聚集在华东地区
		企业所在地区竞争对手较少
		低端动力电池生产厂家多
	市场性质	IDC 行业市场竞争强度低
		动力电池行业市场容量大
		动力电池行业产品品类多
		动力电池行业产品同质化严重
		动力电池行业产品缺少差异化
		输配电设备行业竞争强度较高
		输配电设备市场处于扩张阶段
		输配电设备市场吸引力较强
		低端配电设备行业集中度低
	消费者评价	企业产品是消费者的首选
		企业提高客户黏性
		企业产品性价比高
		企业的消费者满意度较高
		企业服务优质
		企业获得了客户的信赖
		企业产品的复购率较高
		企业产品容易被替代

　　完成开放性编码后，进行选择性编码过程，将"市场竞争强度"支持数据的进一步抽象对比，得到 4 层共计 43 个编码的支持并实现了饱和，如表 3 - 10 所示。

表 3 - 10　　　　　　　　　　市场竞争强度选择性编码

核心范畴	副范畴	范畴	概念
市场竞争强度	行业竞争	竞争对手	动力电池行业市场企业数量多
			IDC 行业主要市场份额被三大基础电信运营商垄断
			IDC 行业市场格局稳定
			行业内企业议价能力有限
			输配电设备行业企业数量多
			输配电设备行业企业聚集在华东地区
			企业所在地区竞争对手较少
			低端配电设备生产厂家多
		市场性质	IDC 行业竞争强度低
			IDC 行业企业竞争力主要来源于企业资源禀赋
			动力电池行业市场容量大
			动力电池行业产品品类多
			动力电池行业产品同质化严重
			动力电池行业产品缺少差异化
			输配电设备行业竞争强度较高
			输配电设备市场处于扩张阶段
			输配电行业用户规模快速增长
			输配电设备市场吸引力较强
		市场壁垒	低端配电设备行业集中度低
			IDC 行业资金壁垒高
			IDC 行业技术壁垒高
			IDC 行业市场集中度高
			输配电设备行业存在资质壁垒
			输配电设备行业存在品牌壁垒
			输配电设备行业存在技术壁垒
			新企业难以在短时间进入输配电设备市场
			低端配电设备行业壁垒低

续表

核心范畴	副范畴	范畴	概念
市场竞争强度	用户黏度	用户群体	企业是国家电网、南方电网主要供应商
			企业发展定制化服务
			企业可以向客户提供从信息基础设施到数字城市的整体方案
			企业可以向客户提供具体方案
			企业注重与客户的沟通
			企业推动国际化布局
			企业降低产品价格吸引消费者购买
		消费者评价	企业产品是消费者的首选
			企业提高客户黏性
			企业产品性价比高
			企业的消费者满意度较高
			企业的消费者乐于将产品推荐给他人
			企业服务优质
			企业获得了客户的信赖
			企业产品的复购率较高
			企业产品容易被替代

完成开放性编码和选择性编码后，"市场竞争强度"对企业创新绩效的影响可从行业竞争和用户黏度两方面解释。行业竞争包括竞争对手行为、市场性质、市场壁垒等方面的内容，行业竞争是企业必须被动接受的市场竞争强度。一般而言，行业竞争情况分析十分复杂，有的行业技术水平较高，新企业难以进入市场，行业存在资金壁垒、技术壁垒等准入门槛，但并不能根据这些条件判断该行业的竞争强度，因为对行业中现有企业面临的竞争格局还应当进行深度分析，有的市场主要市场份额被大型企业所垄断，但行业的企业数量却较少，市场竞争强度反而较低。行业竞争说明了企业所在市场的一种氛围，这种氛围会对创新活动产生影响。不仅如此，用户黏度也是市场竞争强度的一部分，它反映了企业与消费者之间的关系，消费者将自己的想法反馈给企业，消费者的需求会成为企业创新活动的动力。

四、编码汇总

通过对智能企业创新绩效的影响因素进行开放性编码和选择性编码，最终确定"数字化转型""组织创新能力""市场竞争强度"三个核心范畴。其中，数字化转型的副范畴为战略转型、数字资产和数字化平台，组织创新能力的副范畴是组织创新和创新机制，市场竞争强度的副范畴是行业竞争和用户黏性，如表 3 – 11 所示。

表 3 – 11　　　　　　核心范畴及副范畴汇总

核心范畴	副范畴	范畴
数字化转型	战略转型	技术创新
		技术应用
	数字资产	产品创新
		服务创新
		数字管理
		数据资产
	数字化平台	赋能平台
		数字系统
		数据中心
		物流供应链
组织创新能力	效率型商业模式创新	服务效率
		电商模式
		组织变革
	新颖型商业模式创新	新技术应用
		新产品开发
		创新合作
		新管理模式
市场竞争强度	技术不确定性	技术变革
		技术难度
		研发风险
	市场不确定性	市场风险
		产品需求
		顾客偏好
		行业竞争

核心范畴	副范畴	范畴
动态能力	感知能力	政策感知能力
		市场感知能力
	吸收能力	潜在吸收能力
		现实吸收能力
	适应能力	资源协调
		管理创新

第五节　影响机理

在扎根理论的基础上，本书利用对三家智能制造企业访谈与调研的大量数据，进行编码处理后发现，在特定的市场竞争强度下，智能制造企业数字化转型与组织创新相互结合，可以提升企业的创新绩效。通过对三家智能制造企业的案例进行分析，总结出了数字化转型、组织创新能力和市场竞争强度的情况，为构建概念模型并提出理论假设创造了条件。根据扎根理论分析出的各核心范畴的作用机理如下：

（一）数字化转型对企业创新绩效的影响

开展数字化转型的企业创新绩效较强，智能制造企业可以在数字化平台的帮助下以较低的成本获得更先进的信息技术服务，从而提高企业效率，改革传统商业模式，自上而下地整合资源，更广泛地连接资源，实现在线客户、在线服务、在线员工和在线管理，使客户服务更加灵活，准确了解客户的实际需求，为客户提供更准确的产品，提高业务效率和业务管理效率。战略转型使企业能够充分探索业务发展的新模式和价值，最大限度地发挥数字技术的作用，重新规划流程，进行流程再造，解决公司响应慢、运营效率低的问题。企业通过积累数字资产，提高数字资产使用能力，可以更顺利地深入个性化产品，更容易掌握产品制造的规律，实现产品技术创新。

（二）组织创新能力对企业创新绩效的影响

组织创新能力较强的企业能够与时俱进地对企业运营管理模式进行调整，为创新活动扫清障碍，帮助企业实现自身内部结构与外部环境变化的统一，根据市场环境的变化对企业内部各个组织要素进行创造性的调整，使企业克服资源的限制，用有限的资源开展尽可能多的创新活动。企业进行机制创新，改变了企业员工进行创新活动的动机，从而影响了创新活动的效率。

（三）市场竞争强度在数字化转型对企业创新绩效影响中的中介作用

企业数字化转型作为一种全方位的变革，涉及数字基础设施的投入、数字技术的应用、数字化业务模式的转变、数字化人才结构的调整等一系列的生产与运营环节的变革，涉及各项资源的分配、重构、调整与利用，因此会对整个行业的竞争格局产生影响。每一个企业都是行业中复杂价值网络上的一个节点，当一个企业开始数字化转型，行业网络中的其他节点也不可能独善其身，数字化转型的浪潮逐渐席卷整个行业，数字化思维使整个行业的运行逻辑发生了改变，行业的竞争强度发生了变化，在不同的行业竞争强度下，企业能够感受到的创新动力是不同的，市场竞争使企业有动力开展创新活动，突破技术壁垒，形成竞争优势。竞争与合作相辅相成，市场竞争强度较高的行业也同样意味着行业内企业有更频繁的交流与沟通，企业与企业、企业与用户之间的信息流量更大。通过数字化转型积累信息处理、数据处理能力的企业，可以更好地利用信息，将信息为自己所用，优化产品设计与创新。

（四）市场竞争强度在组织创新能力对企业创新绩效影响中的中介作用

随着组织创新能力的提升，企业能够更快地捕捉市场变化，采取措施把握并迎合消费者变化的需求，用户黏度提升，企业的产品成为消费者的首选，消费者的支持成为了企业开展创新活动的动力。创新成果从产出到检验到最终应用，是一个需要组织各部门加强协作与沟通的过程，市场竞争使企业内部产生一种积极紧张的气氛，各部门在竞争的压力下目标一致，有更强的动力进行协作沟通，不会过分地懒散懈怠，于是，创新活动在组织内的运行更加流畅。

第六节　本章小结

　　本章采用扎根理论对三家案例公司实施了探索性案例研究。先对案例公司的选择理由、公司的基本情况等作了介绍。在对案例分析的过程中，收集相关数据，并通过对3家公司的中高级管理层、技术部门、财务部门进行深度访谈，整理了相关的访谈信息。通过开放性编码得到共计189个编码支持，抽象出4个能解释"智能制造企业创新绩效影响因素"的核心范畴，具体为数字化转型、组织创新能力和市场竞争强度。在选择性编码阶段对4个核心范畴反复进行抽象和对比，最终4个核心范畴得到4层212个编码支持，并实现了饱和。根据数据编码得到了智能制造企业创新绩效的影响机理，它解释了变量间的作用机制，为后续研究数字化转型、组织创新能力、市场竞争强度和企业创新绩效的作用关系以及实证研究奠定了一定的基础，为下一章进行理论演绎、假设提出、理论模型的构建提供了分析框架。

第四章　变量间的作用机理

在当今快速变化的商业环境中，智能制造企业面临着前所未有的挑战和机遇。数字化转型和组织创新能力已成为推动企业持续成长和提升竞争力的关键因素。随着技术的迅速发展，企业必须通过采用先进的数字技术和创新的管理方法来适应这种变化，以确保其在激烈的市场竞争中保持领先地位。本书研究旨在探讨智能制造企业数字化转型和组织创新能力对企业创新绩效的影响，以及市场竞争强度在这些变量之间的中介作用。

数字化转型不仅仅是技术的升级，更是企业战略、组织结构、运营模式等全方位的革新。通过引入新的技术和商业模型，企业能够更有效地响应市场变化，提高生产效率和产品质量，从而加强其市场竞争力。而组织创新能力，包括组织结构、文化和运营机制的创新，是提升企业适应性和竞争力的重要保障。在复杂多变的市场环境中，具备高度组织创新能力的企业更能够快速应对环境挑战，捕捉市场机会。市场竞争强度作为本书研究中的中介变量，反映了市场竞争的激烈程度对企业创新行为的影响。在高度竞争的市场环境中，企业为了生存和发展，必须不断提升创新绩效，通过推出新产品、服务和解决方案来满足消费者的需求和偏好。因此，市场竞争强度不仅能促使企业加速技术创新和产品更新，还会激励企业加强内部的创新能力建设。

对此，本书构建了一个涵盖数字化转型、组织创新能力、市场竞争强度和企业创新绩效的综合性研究框架，通过分析这些变量之间的相互关系和作用机制，旨在为智能制造企业在数字化时代中强化内部创新能力并积极应对市场竞争提供实证基础和理论指导，以促进其创新绩效的提升，进而实现可持续发展。

第一节　数字化转型与企业创新绩效的关系探讨

智能制造企业进行数字化转型的核心是将数字的资源与技术应用到商业运作中。巴拉华等（Bharadwaj et al.，2013）认为，企业的数字化转型应用了数字技术，引入了新的理念和方法，对企业的创新行为产生了积极的作用。

战略转型对企业的创新绩效具有一定的影响。有学者认为，数字化转型是一个需要建立新的组织结构并设立专门的部门来推进数字化转型的过程。在数据驱动方面，企业可以通过利用在线的商业模式，将大量人员的行为信息公开，构建扁平的企业组织架构，从而降低管理层次（Vial，2019）。大部分公司都会引入并培训内部人员，培养具备数字思维与技术的人员，从而构建一个学习型的组织，但颠覆性的创新要求不同类型、不同部门的员工相互交流。毛基业（2021）认为，技术的革新为企业的数字化转型和利用数字化技术进行商业重组的进程提供了基本支持，企业利用数字技术开发平台，或是通过设计具有高度个性化的流程，将数字化技术导入到企业内部，从而实现对企业的业务进行数字化转型。利用传感器可以对设备的操作进行实时的采集和传送，然后在此基础上进行一系列代码更新和测试。在不同的商业情景中，工作人员可以通过持续地迭代代码来构建新的应用程序，从而完成从下向上的创新。因此，数字化转型对企业的创新绩效具有促进作用。

数字资产对企业创新绩效也具有一定的影响。有学者认为，在数字化背景下，数字资产是最具典型特征的生产要素，因为借助数字资产实现的数字化生产是企业进行创新研发和提升其数字化水平的重要途径（Vial，2019）。有学者提出，企业运用物联网、云技术等数字技术和手段，将传统的产品重新改造成数字化的产品的这一过程就是数字化转型，而数字资产促进了企业的数字化转型，随之实现了企业创新绩效的提升（Lierenetheler et al.，2018）。戚聿东和蔡呈伟（2019）认为，企业利用数字化技术来刻画顾客的行为与喜好，从而准确地了解顾客不断变化的个人需要。数字化技术的载体是数字资产，在把握了消费者的需求后，企业就可以更有针对性地开展创新活动。处于数字化转型进程的企业可以以解决顾客的需要为手段，来创造更高的顾客价值。同时，企业还可以借助自己的先发优势，精确地发布新产品，这对提高企业的创新业绩并维持企业的竞争优势具有积极的作用，而这一价值创造过程就来源于数字资产的支持。

数字化平台对企业创新绩效同样具有一定的影响。有学者认为，企业在进行转型的时候，一方面可以利用物联网、大数据分析、人工智能等新兴数字技术来完成企业内部经营全流程的数字化升级；另一方面，企业还可以利用数据技术建立一个基于信息技术的管理机制，用以提高管理的准确率和效率。在降低成本、提高效率的前提下，构建和加强已有核心竞争力，是企业创新绩效提高的关键驱动因素（Golzer and Fritzsche，2017）。有学者提出，利用大数据等技术，可以使公司的反应更及时，从而更好地控制公司的风险（Loebbecke and Picot，2015）。戚聿东和蔡呈伟（2019）在研究中指出，通过构建"前—中—后"的机构架构，运用数字化技术对顾客进行准确的画像，并依据用户画像对顾客进行细致的管理，可以实现以顾客为本的目的。有学者认为，数字化平台是一种创新的方式，它帮助企业拓宽了知识获取渠道，从而帮助企业提高了自身的创新效率（Li Feng，2020）。

因此，本书将数字化转型划分为三个维度，分别是战略转型、数字资产和数字化平台，并提出以下假设：

H1 数字化转型对智能制造企业的创新绩效具有正向影响。

H1a 战略转型对智能制造企业的创新绩效具有正向影响。

H1b 数字资产对智能制造企业的创新绩效具有正向影响。

H1c 数字化平台对智能制造企业的创新绩效具有正向影响。

第二节　组织创新能力与企业创新绩效的关系探讨

组织创新能力主要是指企业在组织结构、组织文化、组织运行机制层面进行自我更新与完善的能力，用以展现企业在管理、运营、程序方面的综合能力。组织创新能力对企业的创新行为具有重要的影响，创新成果产出的速度与质量，创新成果在企业中的传播、吸收与应用效率，都受到组织创新能力的影响。因此，需要从组织创新和创新机制出发，分别探讨组织创新能力与企业创新绩效的关系。

首先，组织创新对企业创新绩效具有一定的影响。组织创新主要是指企业对组织结构、员工和部门职权分配、管理手段和管理制度方面的优化与调整。张靓妹和王磊（2022）认为，企业要不断进行组织创新以适应环境变化以及企业自我变革的需要，所以组织创新对企业创新绩效有一定的促进作用。于茂荐（2021）则基于供应链创新的视角研究了企业创新绩效的影响因素，他指出，制造业企业的客户具有较大的差异，在进行业务对接时，需要不同的组织结构模式以及知识整合模式与之相匹配，从而认为组织结构创新有助于创新绩效的提升。陈建军等（2018）以中国宇航企业为研究对象，更进一步地研究了组织创新与创新绩效的关系，结果表明，组织的分权化、非正式化影响了创新的氛围以及创新成果的传递与吸收，组织创新越倾向于分权化、非正式化，越有助于创新绩效的提升。

其次，创新机制也可能对企业创新绩效产生一定的影响。创新机制主要包括企业对各种制度改变的响应、工作流程、运营流程方面的创新。胡士强等（2009）整理了企业的创新机制与技术创新整合框架，发现企业采取不同形式的组织结构或创新机制改变了企业的分权或集权程度，从而影响了企业技术创新绩效。如果企业的运营模式发生柔性化的变革，会增强企业的灵活性和开放性，而与其他企业的交流加强，则能促进企业创新绩效的提升。在近几年的研究中，赵晓煜等（2020）从组织柔性和动态创新能力两个方面入手，分析了制造企业创新机制对创新绩效的影响。对制造企业而言，突破固有的思维方式和生产模式是提升创新绩效的有效手段，因此，用去中心化、去专门化和去正式化的思路进行机制创新有助于提升企业的创新绩效。在此之前，刘萍和李首位（2018）曾建立了企业创新策略、组织有机性和创新绩效三者之间的模型。组织的有机性即企业根据实际情况、不同背景选择恰当的创新机制、管理方式，使企业创新策略与组织运行机制相匹配，以使得创新机制能帮助企业实现突破性的技术创新。单标安等在近期研究中（2022）又更细致地将组织的创新机制分为探索式创新和利用式创新，并发现两种类型的创新机制都能提升企业的创新绩效。所谓探索式创新，就是指企业进入一个创新的业务领域，为了在该领域立足，企业学习新知识以突破行业的技术壁垒，从而开发出独特的产品。而利用式创新，就是企业在现有产品、业务流程的基础上，对现有产品和业务进行更新优化，最终结果就是企业改进了运营过程中出现的问题，重复环节、错误环节被优化，提升了企业创新活动的效率。

综上所述，本书提出以下研究假设：

H2 组织创新能力对企业创新绩效具有正向影响。

H2a 组织创新对企业创新绩效具有正向影响。

H2b 创新机制对企业创新绩效具有正向影响。

第三节　数字化转型与市场竞争强度的关系探讨

数字化转型改变了制造企业原有的产业生态。一个市场上的竞争关系来源于该行业价值创造的逻辑与规则，数字化转型则颠覆了原有的逻辑和规则，使得行业内所有企业都不可避免地卷入竞争。竞争是不可避免的，在数字化转型的背景下，也唯有竞争才能给企业增加生存的活力。董衍善（2022）指出，传统制造企业的行业生态的主要特点是企业与企业、企业与市场之间的信息不对称，不同企业之间的沟通强度较低，所谓的"竞争"也只是一种较为无序的、低强度的市场竞争。而数字化转型解决了信息不对称的问题，使得进行数字化转型的企业构成了一个数据、信息、产品相互流动的价值网络。不同企业之间或多或少都存在价值网络中互相影响、互相竞争的情况。这种协同发展的市场，提升了价值创造的效率，进而使得企业竞争也逐渐倾向于一种有序的、高强度的竞争状态，即数字化转型提升了市场竞争强度。

综上所述，提出以下研究假设：

H3 数字化转型对市场竞争强度具有正向影响。

H3a 战略转型对市场竞争强度具有正向影响。

H3b 数字资产对市场竞争强度具有正向影响。

H3c 数字化平台对市场竞争强度具有正向影响。

第四节　组织创新能力与市场竞争强度的关系探讨

组织创新在组织增长中起着关键和重要作用。创新是抛弃旧模式，是创造性思维的主要特征之一。如今，创新是在竞争激烈的市场中获得竞争优势和长期成功的关键性因素，因为享有高创新能力的组织将能够比非创新组织更快更好地应对环境挑战，从而提高了组织的效率。在当前激烈竞争的商业环境中，一切都在变化，但唯一不变的是变化现象本身。有学者指出，不同行业的技术在快速变化，因此，缩短了产品和服务的生命周期（Boly，2003）。他还在研究中强调，竞争的激烈程度是导致组织创新重要性增加的最有效因素。因此，许多学者认为创新是当前竞争性经济的基础。一些从事创新领域的专家认为，只有那些通过创造竞争优势来专注于创新的组织才能长存

（Skalen et al.，2014）。有学者认为，创新是组织在动态且竞争激烈的市场中应对外部环境动荡和不确定性的关键（Jiménez and Sanz，2011）。为了在不断变化且充满不确定性的环境中生存，组织必须适应日益增加的复杂性以及快速变化。具有较强创新能力的组织能够更迅速地应对环境挑战，相较于那些缺乏创新的组织，他们能更有效地推出新产品和把握市场机会。这种能力也使得他们在激烈的市场竞争中更具优势，能够更好地实现成功和持续发展。

综上所述，提出以下研究假设：

H4 组织创新能力对市场竞争强度具有正向影响。

H4a 组织创新对市场竞争强度具有正向影响。

H4b 创新机制对市场竞争强度具有正向影响。

第五节　市场竞争强度与企业创新绩效的关系探讨

一般来说，市场竞争强度高意味着企业面临更加激烈的市场竞争。市场上客户的需求变化瞬息万变，因此，企业必须提升自身创新绩效，用更高的产品质量、更敏捷的响应来满足消费者的需要，市场竞争给企业带来了提升创新绩效的压力，这种危机意识使得企业必须采取实际行动。

一直以来，市场竞争与企业创新绩效之间的关系都存在分歧。由于企业所在地区、所属行业、所处时期的不同，学者对市场竞争与创新绩效之间的关系主要有以下三种观点。

一种观点是"市场竞争抑制创新论"。有学者用市场份额来衡量市场竞争强度（Stephen and Nickell，1996），结果表明，具有较高份额的公司具有较强的竞争力，但其研发投入较低，且其创新水平较低。以1987～1992年5年内英国制造企业为例，又一次证实了市场竞争强度减弱了公司研发投入和创新能力这一观点（Harris et al.，2002）。李玲

（2014）对 974 个深圳上市公司进行调查，结果表明，在高竞争强度的产业中，因为其生产的产品存在着严重的同质性，所以其技术创新的结果更易于被复制，从而导致了其在技术上的投资相对偏低。企业倾向于模仿和剽窃成熟的成果，因而不会注重提高自身的创新能力。熊婷等（2016）利用中国上市公司的资料进行经验分析，结果同样表明，产业的竞争环境、竞争强度与研发投入存在着负向关系。不仅如此，郭晓玲和李凯（2022）在研究中将企业面临的市场竞争分为横向市场竞争、纵向市场竞争、横向市场竞争与纵向市场竞争并存、无市场竞争四种不同的模式，他们认为，市场竞争压力的存在降低了制造类企业进行创新研发投资的意愿，如果纵向市场和横向市场压力同时存在，则会让企业创新研发的意愿大幅降低，即市场竞争强度越大，企业的创新投入就会越少。

另一种观点则与"市场竞争抑制创新论"完全相反，认为激烈的市场竞争环境促使企业主动进行新产品、新技术的研发，从而形成竞争优势并提升创新绩效。陈君虹（2022）以沪深两市上市公司为研究对象指出，企业的市场竞争强度与企业的创新绩效呈现显著的正相关关系，即企业面临较高的市场竞争强度会促进企业研发出更多有实际用途的发明专利，从而显著提升企业的创新绩效。张杰等（2014）认为，在我国，竞争强度与企业创新呈现稳健的正相关关系，市场竞争激励企业加强创新研发，尤其是民营企业，市场竞争强度对创新激励的效果更加显著。因此，降低市场垄断、提升市场竞争强度可以从根本上提升企业的创新绩效。解维敏等（2016）的研究还指出，在健全的市场监督机制下，竞争的加剧能够缓解代理问题、促进冗余资源转化、增加企业研发投资。杜阳和李田（2020）还在对高企资质认定政策与企业创新绩效的关系研究中引入了市场竞争这一外部影响因素，研究结果指出，以高企认定为代表的产业政策能够通过弥补市场失灵、改善市场竞争环境、提高市场竞争程度来促进企业创新效率的提高。同一时间，胡令和王靖宇（2020）设计了准自然实验，揭示了市场竞争具有提高信息透明度和激励的效果，从而促使企业的创新效率提升。

除了上述两种观点之外，还有许多研究指出，市场竞争强度与企业创新绩效呈现非线性关系，或在一定的条件约束下才呈现正相关或负相关的关系。唐要家等（2022）借助内生增长模型理论探讨了市场竞争与企业创新的关系，研究发现，市场竞争对企业创新绩效的影响是非线性的，在集中度不高的市场中，随着市场集中度的提升，企业的创新绩效显著增加，且随着市场集中度的提升，其对企业创新绩效的促进作用逐渐减弱。张敬文和童锦瑶（2022）通过研究数字企业创新质量的影响因素发现，市场竞争能调节政策与企业创新之间的关系，市场竞争强度越大，则政府补助对企业创新质量的促进作用就越强，同时也能使企业创新绩效显著提升。孔令文等（2022）则运用工业企业数据库的相关数据研究了市场竞争程度与工业企业技术创新之间的关系，指出过大或过小的市场竞争强度均不利于企业的技术创新。相比大型企业，小型企业的技术创新行为更容易被市场竞争所驱动。此外，任希丽（2021）认为，市场竞争与制造企业创新之间的关系也会受到行业技术差距的影响，在技术差距较大的行业，市场竞争与企业创新呈负相关关系，而技术差距较小的行业，市场竞争与企业创新呈正相关关系。

综上所述，现有国内外研究中关于市场竞争角度的企业创新研究，包括抑制、促进以及非线性三方面的影响，并没有得出一致的结论。一方面，市场竞争程度提高了企业创新行为的主动性，市场竞争带来的生存压力会促使企业积极求变；另一方面，市场竞争程度加剧使得行业内信息透明度提高，企业间模仿抄袭行为泛滥，创新投入的风险较大，削弱企业的创新意愿。

结合现有文献研究以及探索性案例的研究结果，本书认为市场竞争强度给智能制造企业更多的是正面的积极影响。行业竞争和用户黏度是市场竞争强度的两个重要体现，企业处于竞争较为激烈的行业中，会更加积极地分析市场变化，增强核心竞争力，更新、优化产品生产流程及工艺。为了迎合消费者需求，企业还会不断对消费者的需求进行分析，以数据驱动创新，开发新产品和新服务，维系现有用户群体，保证企业的生存，提升创新绩效。

因此，本书提出以下假设：

H5 市场竞争强度对智能制造企业创新绩效具有正向影响。

H5a 行业竞争对智能制造企业创新绩效具有正向影响。

H5b 用户黏度对智能制造企业创新绩效具有正向影响。

第六节 市场竞争强度的中介作用探讨

方肖燕和赵倚林（2023）选取 A 股上市公司数据进行分析，研究零售企业市场竞争在数字化转型背景下对企业创新的影响中发挥的作用，通过实证分析得出以下结论：数字化转型能够显著增强企业创新绩效，而市场竞争在数字化转型促进零售企业创新绩效的过程中表现出先促进后抑制的倒"U"型关系。这是因为市场竞争的特征是变化和较难预测的市场偏好，在数字化转型的背景下，企业的技术产品开发周期更短，需要投入更多的资源进行创新活动，以适应所在行业的市场竞争强度。

杨刚等（2019）发现，越是在激烈竞争的市场环境下，企业的数字化能力越强，其对企业创新活动的促进作用就越大。激烈的市场竞争会挤压公司的试错空间，效果不佳的创新活动容易造成企业的资源消耗和风险的增加，从而造成企业最后的亏损超过了其预期可承担的程度。因此，在市场竞争强度较高的情况下，企业往往会采用更加审慎的方式进行创新，通过对各种企业经营数据进行分析，可以迅速、准确地找到客户的需要，从而决定企业的创新方向。由于在激烈的市场竞争中，客户更换成本低、客户偏好变化快，企业迫切需要与客户进行多样化的交互，并及时掌握客户的最新偏好。马丽与赵蓓（2018）认为，在高度竞争的情况下，经理们将持续地关注新的项目机遇，并把某些潜在的项目看作一条值得探索的道路。经理们可以通过对数据的分析来完成对未知区域的探究，从而作出有远见的市场规划。在一个充满竞争性的商业环境下，高效率的创新活动要求企业管理者必须要识别、评价和选择最佳的市场机会，并及时对其进行评估和调整。在此过程中，管理人员会期望获得新的创意和想法，并对其进行风险承担。在一个充满了竞争力的市场环境下，企业将会主动地利用更高的技术能力来识别、评估和把握具有战略意义的机会。

罗兴武等（2021）指出，当所在行业的市场竞争强度越大时，数字化运作在企业创新中的地位就越重要。首先，在激烈的竞争和数字化浪潮的冲击下，企业往往会通过构建新的、模糊的市场进行更深层次的商业活动，或者通过数字化运作来持续规划和识别出有发展前景的、更广阔的发展领域。在面对竞争对手进入的压力时，拥有巨大用户基数的企业可以将这种数据资源作为一个关键的突破点，在完成了数据编排之后，再通过其平台的多边结构对各个产业实现垂直和水平的联接，或者是通过使用多方用户之间的共生依赖和补充创新来扩大网络效应，从而构建出一个能够实现二次发展的生态体系。激烈的外在竞争对企业的稳定发展造成了严重的影响，这种情况就会给企业雇员带来一种社交激励，从而推动企业内的知识转移和使用。在面对激烈的竞争时，企业的知识吸收和转移能力会被调节到与企业的竞争强度匹配的水平上，具体表现为企业的人员会更加乐意与人共享，并主动运用其他部门的相关知识将隐性和缄默的知识进行活化。在这种激烈的市场竞争中，企业必须持续地对自己的知识系统进行升级，从而达到对自己的产品和服务进行创新。当市场的竞争强度很高的时候，在行业内，诸如价格、促销及产品模仿等的竞争会变得更加的激烈。一个企业要想取得竞争力，最好的办法就是迅速地解决自己在组织运作过程中的路径依赖问题，通过运用数据协作的方式，对自身业务过程进行最优化，或者对自身业务进行合理的分配，从而提高企业的内部协作水平。

因此，本书提出以下假设：

H6 市场竞争强度在数字化转型对智能制造企业创新绩效的影响中起到中介作用。

H7 市场竞争强度在组织创新能力对智能制造企业创新绩效的影响中起到中介作用。

第七节 研究框架

本章根据各个变量的概念、不同变量之间的作用机理和研究假设提出了本书的研究框架：将数字化转型和组织创新能力作为前因变量；将市场竞争强度作为中介变量；将企业创新绩效作为结果变量；最终将变量整合后构建为"智能制造企业数字化转型和组织创新能力（自变量）—市场竞争强度（中介变量）—企业创新绩效（因变量）"的研究框架，如图4-1所示。

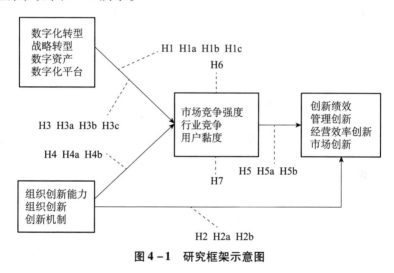

图4-1 研究框架示意图

第八节 本章小结

本章按照"数字化转型—组织创新能力—市场竞争强度—创新绩效"的研究框架，分析不同变量之间的作用机制，提出研究假设，绘制研究框架，并提出了7项研究假设，如表4-1所示。

表 4 - 1 研究假设汇总

假设编号	假设内容
H1	数字化转型对智能制造企业的创新绩效具有正向影响
H1a	战略转型对智能制造企业的创新绩效具有正向影响
H1b	数字资产对智能制造企业的创新绩效具有正向影响
H1c	数字化平台对智能制造企业的创新绩效具有正向影响
H2	组织创新能力对企业创新绩效具有正向影响
H2a	组织创新对企业创新绩效具有正向影响
H2b	创新机制对企业创新绩效具有正向影响
H3	数字化转型对市场竞争强度具有正向影响
H3a	战略转型对市场竞争强度具有正向影响
H3b	数字资产对市场竞争强度具有正向影响
H3c	数字化平台对市场竞争强度具有正向影响
II4	组织创新能力对市场竞争强度具有正向影响
H4a	组织创新对市场竞争强度具有正向影响
H4b	创新机制对市场竞争强度具有正向影响
H5	市场竞争强度对智能制造企业创新绩效具有正向影响
H5a	行业竞争对智能制造企业创新绩效具有正向影响
H5b	用户黏度对智能制造企业创新绩效具有正向影响
H6	市场竞争强度在数字化转型对智能制造企业创新绩效的影响中起到中介作用
H7	市场竞争强度在组织创新能力对智能制造企业创新绩效的影响中起到中介作用

第五章　实证研究的方法论

经过文献梳理、探索性案例研究以及变量间作用机理的推导，本书已对需要研究的问题以及假设有了初步的了解，在本部分对变量定量分析需要用到的数据进行收集和整理，以此来验证假设的正确性。本章主要分为问卷设计、测度变量、数据搜集和分析方法四部分内容。

第一节　问卷设计

本书研究的核心概念数字化转型、组织创新能力、市场竞争强度以及企业创新绩效的量表设计主要参考已有的成熟量表，并根据研究需要进行了适当修改。

首先通过梳理文献对主要研究变量进行界定和维度划分，然后借鉴已有的相关研究中有关变量维度划分和问题设置方面的内容，根据本书的研究内容、研究群体对量表进行微调，在翻译英文量表时尽量做到与中文名词、量表整体语言风格统一，形成调查问卷初稿。在完成调查问卷初稿的设计之后，与专家学者咨询沟通，并根据专家学者提出的建议对问卷进行了修改，以提高问卷的信度和效度，形成一份成熟完整的调查问卷。

在整个问卷设计过程中，笔者阅读了大量关于企业数字化转型、商业模式创新、动态能力、环境不确定性、企业绩效等中外学者的论文及相关书籍，并在此基础上对一些中小企业的中高层管理者进行了问卷调查。

除了企业的基本信息之外，问卷中大多数题项采用 Likert 5 级量表进行测度，为了保证数据有效，减少数据结构的误差，进行问卷调查时采取了以下方法：

（1）调查问卷的内容可能会涉及企业的商业机密、敏感信息，这会导致问卷填写者不愿按实际情况填写问卷，因此，笔者在发放问卷时会如实告知问卷填写者信息收集的用处以及企业信息的保密措施，保证问卷涉及的内容仅运用于研究，与被调查企业签署参与研究同意书，作为双方共同合作与遵守的约定。

（2）答卷人限制在企业中高层岗位、对企业有较为全面了解的管理人员，用以有效避免出现因不了解企业相关信息而作出主观回答所产生的偏差。

（3）对所搜集的信息和数据时效主要限制在最近3年内，以避免由于答卷人发生记忆偏差而导致的信息失真。

（4）为避免问题可能产生歧义而导致答卷人答非所问的偏差，在预测试过程中将这些问题进行了一定的调整和备注说明，以最大限度地减少歧义。

第二节 测度变量

本书的量表主要根据已有文献中的成熟量表以及智能制造企业的特点和数字化转型的情况进行了适当修改。本书主要设计了4个变量，包括2个自变量（数字化转型和组织创新能力）、1个因变量（企业创新绩效）和1个中介变量（市场竞争强度）。

一、自变量

数字化转型是本研究的第一个自变量，在设计量表时分为战略转型、数字资产和数字化平台三个维度。数字化资产是信息技术产生的非货币形式的资产，借鉴陈金亮等（2021）的研究，智能制造就是信息技术与先进制造技术的深度融合，因此，企业的智能制造水平体现了企业所拥有的资源与传感器、控制系统、计算机技术和通信技术水平，这些技术都属于企业数字化资产的范畴。为了反映企业数字化平台的功能、应用程度，本书参考了有关学者的研究（Franziska and Rebecca, 2018; Zhu, 2015; Cennamo, 2019），针对本研究的研究内容进行优化，设计了 5 个题项的量表。战略转型借鉴了有关学者开发的有关数字化转型的量表（Hess，2016；Wang，2020），选择了符合本书研究战略转型相关内容的 5 个题项。

组织创新能力是本书研究的另一个自变量，在设计量表时将其分为了创新机制和组织创新两个维度。谢洪明等（2006）将组织创新分为技术创新和管理创新两个层次，其中，管理创新包含领导与激励创新、计划与控制创新两个维度，并设计了量表，创新机制相关题项的内容由此借鉴而来。组织创新维度的量表则参考了 OECD（2005）的定义，并根据有关学者的研究进行改编（Camisón et al.，2010），重点突出组织结构创新和管理手段创新的内容，共 5 个题项。

本书研究中采用 Likert 五点量表的形式，对数字化转型以及组织创新能力的相关问题进行描述，问卷填写者根据企业的实际情况对问题从 1 到 5 进行评分，数字表示程度，1 代表很低、2 代表较低、3 代表一般、4 代表较高、5 代表很高。数字化转型和组织创新能力的具体测量题项如表 5 - 1 所示。

表 5 - 1　　　　　　　数字化转型、组织创新能力测量题项

变量	维度	编号	测量题项	参考来源
数字化转型	战略转型（ST）	ST1	数字技术对公司战略目标的影响	陈金亮等（2021）
		ST2	公司利用数字技术创造的新业务机会的数量	
		ST3	公司利用数字技术对现有业务活动的改进	
		ST4	公司利用数字技术开发新的产品分销方式	
		ST5	公司实施数字化后的新运营活动与现有组织结构的匹配程度	
	数字资产（DA）	DA1	数据存储、数据分析和数据评估功能在生产流程中的应用	Franziska and Rebecca（2018）、Zhu（2015）、Cennamo（2019）
		DA2	公司生产系统、通用组件和模块化生产的灵活性	
		DA3	公司拥有的网站、邮件、电话、数据库、自动信息交互等企业通信手段的数量	
		DA4	公司利用 RFID 等技术将产品数据化，对产品信息和状态监控的实时性	
		DA5	员工与生产设备之间借助监控器、AR 技术、手机、设备显示仪等方式实现人机交互的程度	
		DA6	生产设备通过现场总线接口或工业以太网接口接入网络，实现机机交互的程度	

变量	维度	编号	测量题项	参考来源
数字化转型	数字化平台（DP）	DP1	公司在内外部建立员工间知识共享平台和制度支持的力度	Hess et al.（2016）、Wang et al.（2020）
		DP2	公司与外部合作伙伴的连接与合作程度	
		DP3	公司在推广和宣传数字化技能和管理知识方面的投入	
		DP4	公司的数字平台对外部参与主体的吸引力	
		DP5	公司的数字平台收集、传输、集成和处理数据的便利性	
组织创新能力	组织创新（OI）	OI1	公司根据实际情况调整各部门的职权分工的频数	OECD（2005）、Camisón et al.（2010）
		OI2	公司根据实际情况调整员工职权的频数	
		OI3	公司主管为整合组织成员的力量完成任务，对管理手段进行创新的程度	
		OI4	公司为健全公司管理制度体系，对管理制度进行创新	
		OI5	公司对组织结构要素进行调整的程度	
	创新机制（IM）	IM1	公司实施改善组织绩效新政策的积极性	谢洪明等（2006）
		IM2	公司为加强监督和管理，对财务控制系统进行创新	
		IM3	公司为迎合顾客的需求，对服务项目和服务方式进行改进的力度	
		IM4	公司为加速目标的实现，对工作流程进行创新的程度	
		IM5	公司调整业务运营规则与流程的频数	

二、因变量

市场创新参考了于晓宇和蔡莉（2013）研究中的量表，对其进行了适当的修改，管理创新借鉴了有关学者的管理创新量表（Birkinshaw and Mol，2009），并用管理创新行为的效果作为题目。本书中采用Likert五点量表的形式，对创新绩效的相关问题进行描述，问卷填写者根据企业的实际情况对问题从1到5进行评分，数字表示程度，1代表很低、2代表较低、3代表一般、4代表较高、5代表很高。创新绩效的具体测量题项如表5-2所示。

表 5 - 2　　　　　　　　　　　　创新绩效测量题项

变量	维度	编号	测量题项	参考来源
创新绩效	管理绩效	MI1	公司的管理方式激励员工及提高员工士气的效果	于晓宇和蔡莉（2013）、Birkinshaw and Mol（2009）
		MI2	公司员工选聘制度的效果	
		MI3	公司制订绩效评估方案来评估员工对公司实际贡献的效果	
		MI4	公司薪酬福利制度激励员工的效果	
		MI5	按公司生产作业制度落实的任务指标与目标的差距	
	经营效率创新	BI1	公司的管理方式激励员工及提高员工士气的效果	
		BI2	公司员工选聘制度的效果	
		BI3	公司绩效评估方案评估员工对公司实际贡献的效果	
		BI4	公司薪酬福利制度激励员工的效果	
		BI5	公司生产作业制度落实已完成的任务指标与目标差距的效果	
	市场创新	MK1	公司开发新产品的速度	
		MK2	公司开发新产品的成功率	
		MK3	公司新产品进入市场的速度	
		MK4	公司新产品销售额占总销售额的比重	
		MK5	公司向市场投放的新产品种类	

三、中介变量

本书结合有关学者的研究成果（Kim，Atuahene-Gima and Tang，2006），利用企业感知的竞争强度作为测量变量，用户黏度参考了刘睿迪（2018）有关用户黏性的题目，根据智能制造企业的性质进行了修改，共包含五个测量条目。本研究采用 Likert 五点量表的形式，对市场竞争强度的相关问题进行描述，问卷填写者根据企业的实际情况对问题从 1 到 5 进行评分，数字表示程度，1 代表很低、2 代表较低、3 代表一般、4 代表较高、5 代表很高。市场竞争强度的具体测量题项如表 5 - 3 所示。

表5－3　　　　　　　　　市场竞争强度测量题项

变量	维度	编号	测量题项	参考来源
市场竞争强度	市场竞争强度	IC1	公司所属行业竞争激烈程度	Kim, Atuahene-Gima and Tang（2006）
		IC2	公司所属行业中产品的模仿难度	
		IC3	公司面临的竞争者的实力	
		IC4	公司所属行业竞争手段的强度	
		IC5	公司所属行业价格战的发生频率	
	用户黏度	UV1	本公司产品的复购率	刘睿迪（2018）
		UV2	当用户需要在多种同类型产品中作出选择时，本公司产品的优先级	
		UV3	本公司产品的替代性	
		UV4	用户向他人推荐本公司产品的意愿	
		UV5	用户持续购买本公司产品的意愿	

第三节　数据收集

为了确保收集到的数据真实、客观、有效，在发放问卷时对被研究企业的性质和地区、问卷填写规范等事项进行了严格规定，以尽可能降低误差，提高数据精度，保证数据的质量。

本书主要研究智能制造企业的数字化转型和创新绩效问题，因此，主要选择了数字化水平较高的北京、长三角和珠三角地区省份的企业，选取新材料、新能源、通信设备、智能家电和汽车制造等行业的智能制造企业。问卷发放对象是智能制造企业的中高层管理者，职位要求是企业的战略管理者或企业负责财务的管理者，保证问卷的填写者对企业经营状况有准确的认识和把握。

问卷的发放渠道主要有两个：一是笔者向符合条件的企业直接发放问卷；二是利用行业人脉、朋友和同学的关系网络通过网络发放问卷，利用问卷星调查生成问卷和问卷填写链接，将问卷填写链接发给符合条件的智能制造企业，填写者通过微信直接在网上进行问卷填写，提交后，问卷结果会直接保存在服务器中，方便进行数据处理。为保证数据质量和有效性，两个发放渠道共发放问卷 500 份。

借鉴阿姆斯壮等（Armstrong et al.）的方法，结果显示，未经催收的样本回复问卷同催收样本的回复问卷不存在显著性的差异。因此，样本不存在无回应偏差。

第四节　分析方法

本书研究的数据分析部分采用 SPSS 和 AMOS 作为数据分析工具，具体的分析方法有描述性统计、信度分析、效度分析、相关性分析、多元回归分析和结构方程模型分析。

一、描述性统计分析

描述性统计主要指通过图和表的形式，更加直观、形象地描述数据的集中趋势或离散程度，以便观察数据的分布特征和相关特性，有利于分析者对数据具有初步了解，方便进行下一阶段的分析与研究。

本书运用描述性统计分析的主要目的是对样本数据进行总体情况分析，其中，分析内容主要包含调查对象的企业性质、企业所在地区、企业经营年限、企业员工人数、企业资产总额等，用以确定回收的样本数据是否符合研究的要求。

二、信度分析

本书采用 CITC 值和内部一致性的 α 信度相结合的方式来检验量表的信度。CITC 值测量的方法是当一个指标题项的 CITC 值小于 0.4，并且删除此指标题项后会使总量表 α 值增大，此时就应该删除该指标题项。Cronbach's α 系数是由 Cronbach 创立的，信度系数在 0~1。用 α 系数来衡量内部一致性信度，α 系数值越高，内部一致性就越好。一份好的量表，其总量表的 α 系数在 0.8 以上表明信度非常好，在 0.7~0.8，表示稍微修改一下条目也可以接受；它的分量表的 α 系数在 0.7 以上表示可靠性很好，在 0.6 ~ 0.7 则可以接受；如果总量表的 α 系数在 0.8 以下，分量表的 α 系数在 0.6 以下，则说明量表需要重新修订。

三、效度分析

效度又叫有效性，一个好的实证分析研究必须建立在高效度的基础上。要使量表的效度较好，量表的数据就必须体现所测量对象的内容，效度评价可从内容效度、结构效度出发。从内容效度来看，因为本书的量表均来自国内外成熟的量表，并且根据企业的发展状况进行科学合理的修订，所以有较好的内容效度。结构效度主要采用了因子分析的方法进行分析。本书主要采用探索性因子分析，通过 KMO 和 Barlett 球体检验方法，运用 SPSS 进行因子分析。其中，主要参考 KMO 指标判断标准来进行判断，即：

①当 KMO 值在 0.9 以上，表述非常适合因子分析；
②当 KMO 值在 0.8 ~ 0.9，表示很适合因子分析；
③当 KMO 值在 0.7 ~ 0.8，适合因子分析；
④当 KMO 值在 0.6 ~ 0.7，表示不太适合因子分析；
⑤当 KMO 值在 0.5 ~ 0.6，表示进行因子分析很勉强；
⑥如果 KMO 值 < 0.5，则表示不适合因子分析。

因子分析中，因子负荷值越大，收敛效度就越高。一般来说，KMO 值处于 0.5 ~ 1，效度即可接受。也就是说，因子负荷要在 0.5 以上才能满足收敛效度的要求。关于收敛效度，则通过在量表中提取公因子的方法，采用因子载荷反映公因子来表示对量表的相关程度。

四、相关性分析

相关性分析主要指变量之间的紧密程度如何，是否具有某种内在联系。在相关性分析中，本书主要采用了 Pearson 相关系数进行判断。Pearson 相关系数处于 −1 ~ 1，可以是此范围内的任何值，相关系数绝对值越接近 1，表示两变量的关联程度越强；相关系数的绝对值越接近 0，表示两变量的关联程度越弱。当相关系数大于 0 时，表示两变量之间是正相关关系，此时一个变量随另一个变量的增加而增加；当相关系数小于0时，表示两变量之间呈现负相关关系，此时一个变量随另一个变量的增加而减少。

五、多元回归分析

本书进行多元回归分析的主要目的是分析自变量、中介变量分别对因变量的影响程度，根据回归分析结果，得出各个自变量对目标变量产生的影响。因此，需要求出各个自变量的影响程度。不仅如此，还可以通过比较两个回归模型之间的解释贡献率是否增加或减少来判断模型的拟合程度。如果一个回归模型的解释贡献值增加，那么说明该模型的拟合效果更好。

六、结构方程模型分析

本书利用 AMOS 验证数字化转型、组织创新能力、市场竞争强度和创新绩效四个变量组成的模型的拟合情况。在结构方程模型分析中，主要对路径系数 P 进行了讨论，当 $P < 0.05$，则代表两变量之间的关系显著。此外，结构方程模型还可以用 Bootstrap 方法对市场竞争强度的中介效应进行验证。

第五节　本章小结

本章首先介绍了研究所需调查问卷的设计流程以及量表的开发依据，以解释量表题项的设计。量表第一部分是企业基本信息；第二部分是数字化转型的相关问题，共三个维度 16 个问题；第三部分是组织创新能力的相关问题，共两个维度 10 个问题；第四部分是市场竞争强度的相关问题，共两个维度 10 个问题；第五部分是创新绩效的相关问题，共三个维度 15 个问题。其次设计了问卷发放规则、发放渠道以及调查对象方面的情况。最后介绍了数据回收情况以及将要用到的数据分析方法。

第六章　实证研究

本章对问卷调查收集的数据作进一步的数据分析，首先分析企业的基本情况，具体包括被调查企业的行业类别、所在地区、经营年限、员工人数、年度营业收入总额等信息，对企业基本情况进行简单的说明。其次进行实证研究，验证本书提出的假设是否成立，并汇总检验结果和分析讨论研究结果。

第一节　描述性统计分析

本次问卷的目标受访者群体为智能制造企业中担任中高层管理职务的人员，特别是那些负责制定企业战略或管理企业财务的关键决策者，期望这些受访者能够充分理解并把握其企业的经营状况。

为了有效收集数据，研究将通过两种途径来分发问卷：一是由笔者直接将问卷递送至符合条件的企业；二是利用在行业内的人脉资源，包括朋友和同学的社交网络来间接发放问卷。为此，将采用问卷星平台来生成调查问卷和填写链接，并将这些链接通过微信分享给目标智能制造企业的相关负责人，以便他们在线完成问卷。问卷的开篇部分将聚焦于企业的基本信息，涵盖诸如企业所属行业、地理位置、运营年限、员工规模以及年度总营业收入等关键数据点。这些信息将有助于我们更全面地了解受访企业的经营状态和背景。

一、行业类别

在调查的样本中，企业的行业类别为新材料的有 29 家，占比

5.6%；行业类别为新能源的有 64 家，占比 12.4%；行业类别为电力设备的有 180 家，占比 34.7%；行业类别为智能家电的有 38 家，占比 7.3%；行业类别为汽车制造的有 31 家，占比 6%；其他类别的企业有 176 家，占比 34%。企业行业类别如表 6-1 所示。

表 6-1　企业行业类别分布

行业类别	小计（家）	百分比（%）
新材料	29	5.6
新能源	64	12.4
电力设备	180	34.7
智能家电	38	7.3
汽车制造	31	6.0
其他	176	34.0
总计	518	100.0

二、所在地区

本次问卷调查的对象主要涉及数字化水平较高的北京、长三角和珠三角地区的企业，填写问卷企业所在地区主要为广东省、江苏省、安徽省、北京市、上海市、湖南省和浙江省，以上省份的企业共计 427 家，占比 82.43%；其他省份的企业有 91 家，占比 17.57%。企业所在地区分布如图 6-1 所示。

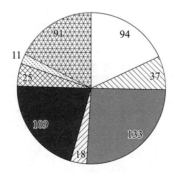

□安徽 ▨北京 ▩广东 ▨湖南 ■江苏 □上海 ▨浙江 ⊠其他

图 6-1　企业所在地区分布

三、经营年限

在调查样本中，有 8.1% 的企业经营年限为 0~2 年，11.8% 的企业经营年限为 3~5 年，18.9% 的企业经营年限为 6~10 年，61.2% 的企业经营年限超过了 10 年，经营年限超过 10 年的企业占据了样本的大多数，这类企业经营时间较长，在企业发展过程中随着市场环境的变化，已经完成或正在进行数字化转型以适应企业发展的需要。企业经营年限如表 6-2 所示。

表 6-2 企业经营年限

经营年限	小计（家）	百分比（%）
0~2 年	42	8.1
3~5 年	61	11.8
6~10 年	98	18.9
10 年以上	317	61.2
总计	518	100.0

四、员工人数

在调查样本中，有 14.9% 的企业员工人数为 20 人以下，有 34.6% 的企业员工人数为 20~300 人，有 30.1% 的企业员工人数为 300~1000 人，有 20.5% 的企业员工人数超过 1000 人。企业员工人数如表 6-3 所示。

表 6-3 企业员工人数

员工人数	频率	百分比（%）
20 人以下	77	14.9
20~300 人	179	34.6
300~1000 人	156	30.1
1000 人以上	106	20.5
总计	518	100.0

五、年度营业收入

在调查样本中，有9.7%的企业年度营业收入在300万元以下，有18.7%的企业年度营业收入在300万~2000万元，有32.6%的企业年度营业收入在2000万~4亿元，有39%的企业年度营业收入在4亿元以上。企业年度营业收入情况如表6-4所示。

表6-4　　　　　　　　　企业年度营业收入

年度营业收入	频率	百分比（%）
300万元以下	50	9.7
300万~2000万元	97	18.7
2000万~4亿元	169	32.6
4亿元以上	202	39.0
总计	518	100.0

第二节　信度与效度检验

一、数字化转型

根据量表设计，数字化转型用DT表示，数字化转型进一步分为战略转型（ST）、数字资产（DA）和数字化平台（DP）三个维度，本小节对数字化转型进行信度分析和效度分析，信度检验的结果如表6-5所示。

表6-5　　　　　　　　　数字化转型信度检验

题项	修正后的项与总计相关性	删除项后的克隆巴赫 Alpha	标准化后的 α 系数
ST1	0.792	0.944	
ST2	0.867	0.931	
ST3	0.880	0.929	0.946
ST4	0.859	0.933	
ST5	0.870	0.931	

题项	修正后的项与总计相关性	删除项后的克隆巴赫 Alpha	标准化后的 α 系数
DA1	0.841	0.943	
DA2	0.864	0.940	
DA3	0.802	0.947	0.951
DA4	0.873	0.939	
DA5	0.849	0.942	
DA6	0.866	0.940	
DP1	0.826	0.949	
DP2	0.884	0.940	
DP3	0.870	0.942	0.953
DP4	0.884	0.940	
DP5	0.886	0.939	

由表 6-5 可知，首先，战略转型的 α 系数为 0.946（ > 0.7），"删除项后的克隆巴赫 Alpha"为 0.944、0.931、0.929、0.933、0.931，均小于标准化后的 α 系数 0.946。此外，修正后的项与总计相关性分别为 0.792、0.867、0.880、0.859、0.870，均大于 0.4，以上数据都说明战略转型的信度质量可以接受。其次，数字资产的 α 系数为 0.951（ > 0.7），"删除项后的克隆巴赫 Alpha"为 0.943、0.940、0.947、0.939、0.942、0.940，均小于标准化后的 α 系数 0.951。再次，修正后的项与总计相关性分别为 0.841、0.864、0.802、0.873、0.849、0.866，均大于 0.4，以上数据都说明数字资产的信度质量可以接受。最后，数字化平台的 α 系数为 0.953（ > 0.7），"删除项后的克隆巴赫 Alpha"为 0.949、0.940、0.942、0.940、0.939，均小于标准化后的 α 系数 0.953。此外，修正后的项与总计相关性分别为 0.826、0.884、0.870、0.884、0、886，均大于 0.4，以上数据都说明数字化平台的信度质量可以接受。

数字化转型量表的效度检验是通过对其三个维度进行因子分析，根据因子载荷大小判断是否通过效度检验，如表 6-6 所示。

表6-6　　　　　数字化转型的 KMO 测度和 Bartlett 球体检验结果

测量指标	KMO	Bartlett 球体检验近似卡方值	自由度	显著性
测量值	0.961	9252.978	120	0.000

　　由表6-6可知，数字化转型的 KMO 值为0.961（大于0.70），Bartlett 球形检验近似卡方值为9252.978，自由度为120，显著性水平 P 值＜0.001，表明数据适合进行因子分析。

　　接着对数字化转型量表进行探索性因子分析，如表6-7和表6-8所示。

表6-7　　　　　　　　　数字化转型探索性因子分析

成分	初始特征值			提取载荷平方和			旋转载荷平方和		
	总计	方差百分比（%）	累积（%）	总计	方差百分比（%）	累积（%）	总计	方差百分比（%）	累积（%）
1	10.812	67.574	67.574	10.812	67.574	67.574	4.555	28.471	28.471
2	1.350	8.439	76.013	1.350	8.439	76.013	4.350	27.185	55.657
3	1.032	6.449	82.463	1.032	6.449	82.463	4.289	26.806	82.463
4	0.431	2.694	85.157						
5	0.350	2.186	87.343						
6	0.292	1.822	89.165						
7	0.238	1.487	90.652						
8	0.207	1.295	91.947						
9	0.191	1.194	93.141						
10	0.186	1.164	94.305						
11	0.184	1.148	95.453						
12	0.162	1.015	96.468						
13	0.160	1.003	97.471						
14	0.142	0.890	98.361						
15	0.136	0.849	99.210						
16	0.126	0.790	100.000						

表6-8 数字化转型旋转后的成分矩阵

题项	成分		
	因子1	因子2	因子3
ST1			0.805
ST2			0.815
ST3			0.821
ST4			0.778
ST5			0.779
DA1	0.761		
DA2	0.772		
DA3	0.734		
DA4	0.795		
DA5	0.757		
DA6	0.741		
DP1		0.786	
DP2		0.807	
DP3		0.812	
DP4		0.830	
DP5		0.782	

从上表中可看出，最大方差法旋转后共得到三个公因子，各题项的因子载荷均大于0.7（>0.5），累计方差贡献率为82.463%，表明量表效度良好。原始变量ST1、ST2、ST3、ST4、ST5在因子3中的因子载荷较大，原始变量DA1、DA2、DA3、DA4、DA5、DA6在因子1中的因子载荷较大，原始变量DP1、DP2、DP3、DP4、DP5在因子2中的因子载荷较大。因此将因子1称为数字资产因子、因子2称为数字化平台因子、因子3称为战略转型因子。

二、组织创新能力

根据量表的设计，本书用OA表示组织创新能力，组织创新能力进一步分为组织创新（OI）、创新机制（IM）两个维度。对组织创新能力进行信度分析和效度分析，信度检验的结果如表 6-9 所示。

表 6-9 组织创新能力信度检验结果

变量	题项	修正后的项与总计相关性	删除项后的克隆巴赫 Alpha	标准化后的 α 系数
组织创新能力	OI1	0.828	0.937	0.946
	OI2	0.843	0.934	
	OI3	0.861	0.931	
	OI4	0.865	0.930	
	OI5	0.859	0.931	
	IM1	0.847	0.936	0.947
	IM2	0.841	0.938	
	IM3	0.855	0.935	
	IM4	0.870	0.932	
	IM5	0.863	0.933	

由表 6-9 可知，首先，组织创新能力的 α 系数为 0.946（>0.7），"删除项后的克隆巴赫 Alpha"为 0.937、0.934、0.931、0.930、0.931，均小于标准化后的 α 系数 0.946。此外，修正后的项与总计相关性分别为 0.828、0.843、0.861、0.865、0.859，均大于 0.4，以上数据都说明战略转型的信度质量可以接受。其次，创新机制的 α 系数为 0.947（>0.7），"删除项后的克隆巴赫 Alpha"为 0.936、0.938、0.935、0.932、0.933，均小于标准化后的 α 系数 0.947。此外，修正后的项与总计相关性分别为 0.847、0.841、0.855、0.870、0.863，均大于 0.4，以上数据都说明组织创新的信度质量可以接受。

组织创新能力量表的效度检验是通过对其两个维度进行因子分析，根据因子载荷大小判断是否通过效度检验，如表 6-10 所示。

表 6-10 组织创新能力的 KMO 测度和 Bartlett 球体检验结果

测量指标	KMO	Bartlett 球体检验近似卡方值	自由度	显著性
测量值	0.948	5328.743	145	0.000

由表 6-10 可知，组织创新能力的 KMO 值为 0.948（>0.7），Bartlett 球形检验近似卡方值为 5328.743，自由度为 145，显著性水平 P

值 0.000 < 0.001，表明数据适合进行因子分析。

接着对组织创新能力量表进行探索性因子分析，如表 6 – 11 和表 6 – 12 所示。

表 6 – 11 　　　　　　　　组织创新能力探索性因子分析

成分	初始特征值			提取载荷平方和			旋转载荷平方和		
	总计	方差百分比（%）	累积（%）	总计	方差百分比（%）	累积（%）	总计	方差百分比（%）	累积（%）
1	7.227	72.265	72.265	7.227	72.265	72.265	4.182	41.816	41.816
2	1.025	10.253	82.518	1.025	10.253	82.518	4.070	40.702	82.518
3	0.324	3.243	85.761						
4	0.254	2.540	88.302						
5	0.239	2.385	90.687						
6	0.223	2.232	92.918						
7	0.210	2.097	95.015						
8	0.191	1.914	96.929						
9	0.158	1.580	98.509						
10	0.149	1.491	100.000						

表 6 – 12 　　　　　　　　组织创新能力旋转后的成分矩阵

题项	成分	
	因子 1	因子 2
OI1		0.836
OI2		0.843
OI3		0.844
OI4		0.803
OI5		0.783
IM1	0.815	
IM2	0.839	
IM3	0.829	
IM4	0.831	
IM5	0.832	

从上表中可看出，最大方差法旋转后共得到两个公因子，各题项的因子载荷均大于 0.7（>0.5），累计方差贡献率为 82.518%，表明量表效度良好。原始变量 OI1、OI2、OI3、OI4、OI5 在因子 2 中的因子载荷较大，原始变量 IM1、IM2、IM3、IM4、IM5 在因子 1 中的因子载荷较大，因此将因子 1 称为创新机制因子、因子 2 称为组织创新因子。

三、市场竞争强度

根据量表的设计，本书用 MC 表示市场竞争强度，市场竞争强度进一步分为行业竞争（IC）和用户黏度（UV）两个维度。本小节对市场竞争强度进行信度分析和效度分析，信度检验的结果如表 6 – 13 所示。

表 6 – 13　　　　　　　　市场竞争强度信度检验

变量	题项	修正后的项与总计相关性	删除项后的克隆巴赫 Alpha	标准化后的 α 系数
市场竞争强度	IC1	0.791	0.876	0.906
	IC2	0.590	0.920	
	IC3	0.802	0.874	
	IC4	0.847	0.865	
	IC5	0.789	0.876	
	UV1	0.754	0.858	0.890
	UV2	0.711	0.869	
	UV3	0.638	0.885	
	UV4	0.781	0.852	
	UV5	0.770	0.855	

由表 6 – 13 可知，首先，行业竞争的 α 系数为 0.906（>0.7），"删除项后的克隆巴赫 Alpha"为 0.876、0.920、0.874、0.865、0.876，均小于标准化后的 α 系数 0.906。此外，修正后的项与总计相关性分别为 0.791、0.590、0.802、0.847、0.789，均大于 0.4，以上数据都说明行业竞争的信度质量可以接受。其次，用户黏度的 α 系数为 0.890（>0.7），"删除项后的克隆巴赫 Alpha"为 0.754、0.711、0.638、0.781、0.770，均小于标准化后的 α 系数 0.890。此外，修正后的项与总计相关性分别为 0.858、0.869、0.885、0.852、0.855，均大

于0.4，以上数据都说明用户黏度的信度质量可以接受。

市场竞争强度量表的效度检验是通过对其三个维度进行因子分析，根据因子载荷大小判断是否通过效度检验，如表6－14所示。

表6－14 市场竞争强度的 KMO 测度和 Bartlett 球体检验结果

测量指标	KMO	Bartlett 球体检验近似卡方值	自由度	显著性
测量值	0.893	3544.807	45	0.000

由表6－14可知，市场竞争强度的 KMO 值为 0.893（＞0.7），Bartlett 球形检验近似卡方值为3544.807，自由度为45，显著性水平 P 值 0.000＜0.001，表明数据适合进行因子分析。

接着对市场竞争强度量表进行探索性因子分析，如表6－15和表6－16所示。

表6－15 市场竞争强度探索性因子分析

成分	初始特征值			提取载荷平方和			旋转载荷平方和		
	总计	方差百分比（%）	累积（%）	总计	方差百分比（%）	累积（%）	总计	方差百分比（%）	累积（%）
1	5.600	56.001	56.001	5.600	56.001	56.001	3.597	35.971	235.971
2	1.584	15.843	71.844	1.584	15.843	71.844	3.587	35.873	71.844
3	0.622	6.223	78.067						
4	0.552	5.521	83.588						
5	0.382	3.822	87.410						
6	0.349	3.489	90.899						
7	0.301	3.012	93.910						
8	0.237	2.373	96.284						
9	0.202	2.019	98.303						
10	0.170	1.697	100.000						

表6－16 市场竞争强度旋转后的成分矩阵

题项	成分	
	因子1	因子2
IC1		0.840
IC2		0.570
IC3		0.870
IC4		0.888

续表

题项	成分	
	因子1	因子2
IC5		0.851
UV1	0.824	
UV2	0.805	
UV3	0.691	
UV4	0.826	
UV5	0.833	

从上表中可看出，最大方差法旋转后共得到两个公因子，各题项的因子载荷均大于0.5，累计方差贡献率为71.844%，表明量表效度良好。原始变量 IC1、IC2、IC3、IC4、IC5 在因子2中的因子载荷较大，原始变量 UV1、UV2、UV3、UV4、UV5 在因子1中的因子载荷较大，因此将因子1称为用户黏度因子、因子2称为行业竞争因子。

四、创新绩效

根据量表的设计，本书用 IP 表示创新绩效，创新绩效进一步分为管理创新（MI）、经营效率创新（BI）和市场创新（MK）三个维度。本小节对创新绩效进行信度分析和效度分析，信度检验的结果如表6－17所示。

表 6－17　　　　　　　　创新绩效信度检验结果

变量	题项	修正后的项与总计相关性	删除项后的克隆巴赫 Alpha	标准化后的 α 系数
创新绩效	MI1	0.834	0.931	0.942
	MI2	0.859	0.926	
	MI3	0.857	0.926	
	MI4	0.866	0.925	
	MI5	0.801	0.936	
	BI1	0.751	0.905	0.917
	BI2	0.794	0.896	
	BI3	0.783	0.898	
	BI4	0.794	0.896	
	BI5	0.809	0.893	

变量	题项	修正后的项与总计相关性	删除项后的克隆巴赫 Alpha	标准化后的 α 系数
创新绩效	MK1	0.840	0.926	0.940
	MK2	0.823	0.929	
	MK3	0.842	0.926	
	MK4	0.831	0.927	
	MK5	0.856	0.923	

由表 6 - 17 可知，首先，管理创新的 α 系数为 0.942 （ > 0.7），"删除项后的克隆巴赫 Alpha"为 0.931、0.926、0.925、0.936，均小于标准化后的 α 系数 0.942。此外，修正后的项与总计相关性分别为 0.834、0.859、0.857、0.866、0.801，均大于 0.4，以上数据都说明管理创新的信度质量可以接受。其次，经营效率创新的 α 系数为 0.917 （ > 0.7），"删除项后的克隆巴赫 Alpha"为 0.905、0.896、0.898、0.896、0.893，均小于标准化后的 α 系数 0.917。此外，修正后的项与总计相关性分别为 0.751、0.794、0.783、0.794、0.809，均大于 0.4，以上数据都说明经营效率创新的信度质量可以接受。最后，市场创新的 α 系数为 0.940 （ > 0.7），"删除项后的克隆巴赫 Alpha"为 0.926、0.929、0.926、0.927、0.923，均小于标准化后的 α 系数 0.940。此外，修正后的项与总计相关性分别为 0.840、0.823、0.842、0.831、0.856，均大于 0.4，以上数据都说明市场创新的信度质量可以接受。

创新绩效量表的效度检验是通过对其三个维度进行因子分析，根据因子载荷大小判断是否通过效度检验，如表 6 - 18 所示。

表 6 - 18　　　　创新绩效的 KMO 测度和 Bartlett 球体检验结果

测量指标	KMO	Bartlett 球体检验近似卡方值	自由度	显著性
测量值	0.954	7184.112	105	0.000

由表 6 - 18 可知，创新绩效的 KMO 值为 0.954 （ > 0.7），Bartlett 球形检验近似卡方值为 7184.112，自由度为 105，显著性水平 P 值 0.000 < 0.001，表明数据适合进行因子分析。

接着对创新绩效量表进行探索性因子分析，如表 6 - 19 和表 6 - 20

所示。

表6-19　　　　　　　创新绩效探索性因子分析

成分	初始特征值			提取载荷平方和			旋转载荷平方和		
	总计	方差百分比（%）	累积（%）	总计	方差百分比（%）	累积（%）	总计	方差百分比（%）	累积（%）
1	9.356	62.371	62.371	9.356	62.371	62.371	4.055	27.032	27.032
2	1.352	9.013	71.384	1.352	9.013	71.384	4.051	27.010	54.041
3	1.170	7.803	79.187	1.170	7.803	79.187	3.772	25.145	79.187
4	0.507	3.382	82.569						
5	0.328	2.188	84.757						
6	0.305	2.030	86.787						
7	0.279	1.860	88.647						
8	0.266	1.776	90.424						
9	0.249	1.657	92.081						
10	0.236	1.572	93.653						
11	0.226	1.507	95.160						
12	0.209	1.393	96.553						
13	0.184	1.224	97.777						
14	0.173	1.153	98.930						
15	0.161	1.070	100.000						

表6-20　　　　　　　创新绩效旋转后的成分矩阵

题项	成分		
	因子1	因子2	因子3
MI1	0.780		
MI2	0.818		
MI3	0.828		
MI4	0.824		
MI5	0.761		
BI1			0.728
BI2			0.759
BI3			0.775
BI4			0.757
BI5			0.792

题项	成分		
	因子 1	因子 2	因子 3
MK1		0.815	
MK2		0.788	
MK3		0.794	
MK4		0.773	
MK5		0.829	

从上表中可看出，最大方差法旋转后共得到三个公因子，各题项的因子载荷均大于 0.7（>0.5），累计方差贡献率为 79.187%，表明量表效度良好。原始变量 MI1、MI2、MI3、MI4、MI5 在因子 1 中的因子载荷较大，原始变量 BI1、BI2、BI3、BI4、BI5 在因子 3 中的因子载荷较大，原始变量 MK1、MK2、MK3、MK4、MK5 在因子 2 中的因子载荷较大，因此将因子 1 称为管理创新因子、因子 2 称为市场创新因子、因子 3 称为经营效率创新因子。

第三节　相关性分析

变量之间相关性分析所呈现的显著性程度其数值一般在 0～1，关系的紧密程度直接体现在相关系数大小。当相关系数值小于 0.2 时，说明关系较弱，但依然有相关关系。

由表 6-21 可知，数字化转型与市场竞争强度具有显著的相关关系，相关系数为 0.666**；组织创新与市场竞争强度具有显著的相关关系，相关系数为 0.690**；数字化转型与创新绩效具有显著的相关关系，相关系数为 0.769**；组织创新与创新绩效具有显著的相关关系，相关系数为 0.753**；市场竞争强度与创新绩效具有显著的相关关系，相关系数为 0.700**。上述数据表明，各变量之间都具有一定的相互联系程度，为进一步研究各变量间的相互关联程度和关系，需要进一步作回归研究。

表 6 – 21　　　　　　　　　　变量之间的相关性分析

		数字化转型	组织创新	市场竞争强度	创新绩效
数字化转型	皮尔逊相关性	1	0. 761 **	0. 666 **	0. 769 **
	Sig. （双尾）		0. 000	0. 000	0. 000
	个案数	518	518	518	518
组织创新	皮尔逊相关性	0. 761 **	1	0. 690 **	0. 753 **
	Sig. （双尾）	0. 000		0. 000	0. 000
	个案数	518	518	518	518
市场竞争强度	皮尔逊相关性	0. 666 **	0. 690 **	1	0. 700 **
	Sig. （双尾）	0. 000	0. 000		0. 000
	个案数	518	518	518	518
创新绩效	皮尔逊相关性	0. 769 **	0. 753 **	0. 700 **	1
	Sig. （双尾）	0. 000	0. 000	0. 000	
	个案数	518	518	518	518

第四节　回归分析

本书是在理论基础之上建立理论模型，并对模型进行回归分析，如果回归分析结果显示 $p < 0.05$，则说明变量间有影响关系。同时，还需要看以下几个指标：R^2 值在 $0 \sim 1$，数值越接近 1 越好，表示方程模型拟合越高；VIF 值代表方差膨胀因子，所有的 VIF 值均需要小于 10，相对严格的标准是小于 5，则表明回归模型不存在多重共线性。

一、数字化转型与创新绩效的关系

将数字化转型（DT）的战略转型（ST）、数字资产（DA）和数字化平台（DP）这三个维度作为自变量，并选取因变量创新绩效进行线性回归分析，如表 6 – 22 所示。

表 6 - 22　　　　　　　数字化转型与企业创新绩效线性回归

题项	未标准化系数		标准化系数	t	显著性	VIF	R^2	调整后的 R^2	F
	β	标准误差	Beta						
常量	18.458	1.316		14.029	0.000				
ST	0.908	0.101	0.387	8.963	0.000	2.414	0.602	0.600	259.462
DA	0.303	0.090	0.163	3.362	0.001	3.053			
DP	0.701	0.102	0.306	6.906	0.000	2.542			

由表 6 - 22 可知，数字化转型的三个维度可以解释创新绩效（模型 $R^2 = 0.602$）为 60.2% 的变化原因，F 值 = 259.462，且 VIF 值都小于 5，表明模型不存在多重共线性。数字化转型的三个维度对企业创新绩效产生影响的模型公式为：IP = 18.458 + 0.908 × ST + 0.303 × DA + 0.701 × DP。根据数字化转型与企业创新绩效的线性回归结果可知：

战略转型（ST）对企业创新绩效（IP）的回归显著（β = 0.908，P < 0.01），两者间有显著的正向影响关系，假设 H1a 成立。

数字资产（DA）对企业创新绩效（IP）的回归显著（β = 0.303，P < 0.01），两者间有显著的正向影响关系，假设 H1b 成立。

数字化平台（DP）对企业创新绩效（IP）的回归显著（β = 0.701，P < 0.01），两者间有显著的正向影响关系，假设 H1c 成立。

二、组织创新与创新绩效的关系

将组织创新能力（OA）的组织创新（OI）、创新机制（IM）两个维度作为自变量，并选取因变量创新绩效进行线性回归分析，如表 6 - 23 所示。

表 6 - 23　　　　　　组织创新能力与企业创新绩效线性回归

题项	未标准化系数		标准化系数	t	显著性	VIF	R^2	调整后的 R^2	F
	β	标准误差	Beta						
常量	17.720	1.439		12.310	0.000				
OI	1.048	0.110	0.421	9.548	0.000	2.315	0.567	0.566	337.765
IM	0.959	0.110	0.383	8.693	0.000	2.315			

由表 6 – 23 可知，商业模式创新的两个维度可以解释企业绩效（模型 R^2 = 0.567）为 56.7% 的变化原因，F 值 = 337.765，且 VIF 值都小于 5，表明模型不存在多重共线性。组织创新能力的两个维度对企业绩效产生影响的模型公式为：IP = 17.720 + 1.048 × OI + 0.959 × IM。由此可知：

组织创新（OI）对企业创新绩效（IP）的回归显著（β = 1.048，P < 0.01），两者间具有显著的正向影响关系，假设 H2a 成立。

创新机制（IM）对企业创新绩效（IP）的回归显著（β = 0.959，P < 0.01），两者间具有显著的正向影响关系，假设 H2b 成立。

三、数字化转型与市场竞争强度的关系

将数字化转型（DT）的战略转型（ST）、数字资产（DA）和数字化平台（DP）这三个维度作为自变量，并选取因变量市场竞争强度（MC）进行线性回归分析，如表 6 – 24 所示。

表 6 – 24　　　　　数字化转型与市场竞争强度线性回归

题项	未标准化系数		标准化系数	t	显著性	VIF	R^2	调整后的 R^2	F
	β	标准误差	Beta						
常量	17.811	0.982		18.141	0.000				
ST	0.429	0.076	0.288	5.680	0.000	2.413	0.451	0.448	141.019
DA	0.157	0.067	0.133	2.335	0.020	3.053			
DP	0.466	0.076	0.321	6.153	0.000	2.542			

由表 6 – 24 可知，数字化转型的三个维度可以解释市场竞争强度（模型 R^2 = 0.448）为 44.8% 的变化原因，F 值 = 141.019，且 VIF 值都小于 5，表明模型不存在多重共线性。数字化转型的三个维度对市场竞争强度产生影响的模型公式为：MC = 17.811 + 0.429 × ST + 0.157 × DA + 0.466 × DP。由此可知：

战略转型（ST）对市场竞争强度（MC）的回归显著（β = 0.429，P < 0.01），两者间具有显著的正向影响关系，H3a 成立。

数字资产（DA）对市场竞争强度（MC）的回归显著（β = 0.157，

P < 0.01)，两者间具有显著的正向影响关系，假设 H3b 成立。

数字化平台（DP）对市场竞争强度（MC）的回归显著（β = 0.466，P < 0.01)，两者间具有显著的正向影响关系，假设 H3b 成立。

四、组织创新能力与市场竞争强度的关系

将组织创新能力（OA）的组织创新（OI）、创新机制（IM）两个维度作为自变量，并选取因变量市场竞争强度（MC）进行线性回归分析，如表 6 – 25 所示。

表 6 – 25　　　　　　　　组织创新能力与市场竞争强度线性回归

题项	未标准化系数		标准化系数	t	显著性	VIF	R^2	调整后的 R^2	F
	β	标准误差	Beta						
常量	16.119	1.005		16.035	0.000				
OI	0.526	0.077	0.332	6.856	0.000	2.315	0.477	0.475	235.255
IM	0.644	0.077	0.405	8.360	0.000	2.315			

由表 6 – 25 可知，组织创新能力的两个维度可以解释市场竞争强度（模型 R^2 = 0.475）为 47.5% 的变化原因，F 值 = 235.255，且 VIF 值都小于 5，表明模型不存在多重共线性。组织创新能力的两个维度对市场竞争强度产生影响的模型公式为：MC = 16.119 + 0.526 × OI + 0.644 × IM。由此可知：

组织创新（OI）对市场竞争强度（MC）的回归显著（β = 0.526，P < 0.01)，两者间具有显著的正向影响关系，假设 H4a 成立。

创新机制（IM）对市场竞争强度（MC）的回归显著（β = 0.644，P < 0.01)，两者间具有显著的正向影响关系，假设 H4b 成立。

五、市场竞争强度与创新绩效的关系

将市场竞争强度（MC）的行业竞争（IC）、用户黏度（UV）两个维度作为自变量，并选取因变量创新绩效进行线性回归分析，如表 6 – 26 所示。

表6-26 市场竞争强度与企业创新绩效线性回归

题项	未标准化系数		标准化系数	t	显著性	VIF	R^2	调整后的 R^2	F
	β	标准误差	Beta						
常量	12.991	1.895		6.854	0.000				
IC	1.080	0.111	0.376	9.774	0.000	1.496	0.490	0.488	247.721
UV	1.123	0.105	0.412	10.718	0.000	1.496			

由表6-26可知，市场竞争强度的两个维度可以解释企业创新绩效（模型 $R^2 = 0.488$）为48.8%的变化原因，F值=247.721，且VIF值都小于5，表明模型不存在多重共线性。市场竞争强度的两个维度对企业创新绩效产生影响的模型公式为：IP = 12.991 + 1.080 × IC + 1.123 × UV。由此可知：

行业竞争（IC）对企业创新绩效（IP）的回归显著（β = 1.080，P < 0.01），两者间具有显著的正向影响关系，假设H5a成立。

用户黏度（UV）对企业创新绩效（IP）的回归显著（β = 1.123，P < 0.01），两者间具有显著的正向影响关系，假设H5b成立。

第五节 市场竞争强度的中介效应

由理论分析可知，数字化转型和组织创新能力通过市场竞争强度对企业创新绩效产生影响，本节探讨市场竞争强度是否存在中介效应。

一、市场竞争强度在数字化转型对企业创新绩效影响的中介效应

模型1：将自变量数字化转型与因变量企业创新绩效进行回归检验。

模型2：将自变量数字化转型与中介变量市场竞争强度进行回归检验。

模型3：将自变量数字化转型、中介变量市场竞争强度、因变量企业创新绩效同时进行回归检验。

对以上三个模型进行多元回归分析，如图 6 - 27 所示。

表 6 - 27   数字化转型、市场竞争强度与企业创新绩效的多元回归

变量	模型 1（创新绩效）	模型 2（市场竞争强度）	模型 3（创新绩效）
常数	19.340 ***	18.248 ***	9.643 ***
数字化转型	0.605 ***	0.333 ***	0.428 ***
市场竞争强度			0.531 ***
R^2	0.592	0.444	0.655
调整后的 R^2	0.591	0.443	0.654
F 值	747.549	411.531	489.004

注：***代表在 1% 的水平上显著。

由表 6 - 27 可知，首先，在模型 1 中，数字化转型对创新绩效的回归显著，$R^2 = 0.592$，调整后的 $R^2 = 0.591$，F = 747.549，说明回归模型拟合较好，且回归系数 $\beta = 0.605$（P < 0.001），假设 H1 得到验证。其次，在模型 2 中，数字化转型对市场竞争强度的回归显著，$R^2 = 0.444$，调整后的 $R^2 = 0.443$，F = 411.531，说明回归模型拟合较好，且回归系数 $\beta = 0.333$（P < 0.001），假设 H3 得到验证。最后，在模型 3 中，当市场竞争强度作为中介变量加入后，$R^2 = 0.655$，调整后的 $R^2 = 0.654$，F = 489.004，说明回归模型拟合较好。其中，数字化转型对创新绩效的影响系数减小，由模型 1 的系数 $\beta = 0.605$（P < 0.001）下降为模型 3 的 $\beta = 0.428$（P < 0.001），中介效应占总效应比值为 $0.333 \times 0.531/0.605 \times 100\% = 29.23\%$，这表明市场竞争强度在数字化转型对创新绩效的影响中起部分中介作用。

二、市场竞争强度在市场竞争强度对企业创新绩效影响的中介效应

模型 1：将自变量组织创新能力与因变量企业创新绩效进行回归检验。

模型 2：将自变量组织创新能力与中介变量市场竞争强度进行回归检验。

模型 3：将自变量组织创新能力、中介变量市场竞争强度、因变量企业创新绩效同时进行回归检验。

对以上三个模型进行多元回归分析。

表 6 – 28　组织创新能力、市场竞争强度与企业创新绩效的多元回归

变量	模型1（创新绩效）	模型2（市场竞争强度）	模型3（创新绩效）
常数	17. 687 ***	16. 162 ***	8. 930 ***
组织创新能力	1. 004 ***	0. 585 ***	0. 687 ***
市场竞争强度			0. 542 ***
R^2	0. 567	0. 477	0. 629
调整后的 R^2	0. 566	0. 476	0. 628
F 值	676. 410	470. 123	437. 118

注：***代表在1%的水平上显著。

由表 6 – 28 可知，首先，在模型 1 中，组织创新能力对创新绩效的回归显著，$R^2 = 0.567$，调整后的 $R^2 = 0.566$，$F = 676.410$，说明回归模型拟合较好，且回归系数 $\beta = 1.004$（$P < 0.001$），假设 H1 得到验证。其次，在模型 2 中，组织创新能力对市场竞争强度的回归显著，$R^2 = 0.477$，调整后的 $R^2 = 0.476$，$F = 470.123$，说明回归模型拟合较好，且回归系数 $\beta = 0.585$（$P < 0.001$），假设 H3 得到验证。最后，在模型 3 中，当市场竞争强度作为中介变量加入后，$R^2 = 0.629$，调整后的 $R^2 = 0.628$，$F = 437.118$，说明回归模型拟合较好。其中，市场竞争强度对创新绩效的影响系数减小，由模型 1 的系数 $\beta = 1.004$（$P < 0.001$）下降为模型 3 的 $\beta = 0.687$（$P < 0.001$），中介效应占总效应的比值为 $0.585 \times 0.542/1.004 \times 100\% = 31.58\%$，这表明市场竞争强度在组织创新能力对创新绩效的影响中起部分中介作用。

第六节　结构方程模型分析

一、模型设定

本章运用二阶结构方程模型进行假设验证，并将其分为直接效应检验和中介效应检验两部分。结构方程模型（SEM）是一种应用广泛的数据分析方式，当数据模型建立完成后，可以一次性验证所有变量间的关系，并可以对模型的整体拟合情况进行验证，利用 AMOS，本研究将验证数字化转型、组织创新能力、市场竞争强度和创新绩效四个变量组成的模型的拟合情况。

在 AMOS 中建立研究模型，如图 6-2 所示，建立了二阶结构方程模型，一级潜变量包括数字化转型、组织创新能力、市场竞争强度和创新绩效，与调查问卷中的变量维度一致。数字化转型包括战略转型、数字资产和数字化平台三个二级潜变量；组织创新能力包括组织创新和创新机制两个二级潜变量；市场竞争强度包括行业竞争和用户黏度两个二级潜变量；创新绩效包括管理创新、经营效率创新和市场创新三个二级潜变量。每一个潜变量下都包括与问卷中维度相对应的问题作为观察变量，由此构建结构方程模型。

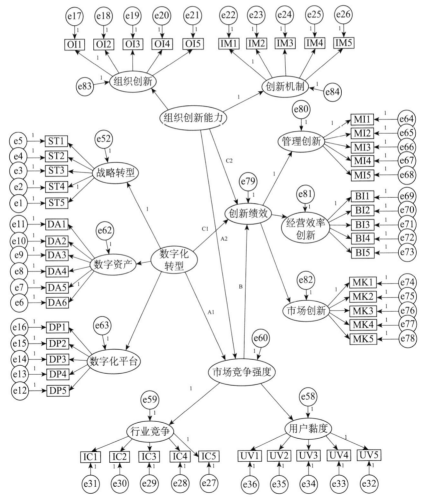

图 6-2　结构方程整体研究模型

二、直接效应检验

本书运用 AMOS24 模型进行拟合，理论模型的适配度结果如表 6-29 所示。

表 6-29   **结构方程模型适配度结果**

指标	参考标准	运行结果
CNIS/DF	1~3 为优秀，3~5 为良好	3.113
RMSEA	小于 0.05 为优秀，0.08 为良好	0.061
IFT	大于 0.9 为优秀，0.8~0.9 为良好	0.933
TLI	大于 0.9 为优秀，0.8~0.9 为良好	0.930
CFI	大于 0.9 为优秀，0.8~0.9 为良好	0.933

根据模型拟合的参考标准，模型的 CNIS/DF 值为 2.733，在 1~3 之间，模型适配情况优秀；RMSEA 值为 0.058，大于 0.05 但小于 0.8，模型适配情况良好；IFT 值为 0.924，大于 0.9，模型适配情况优秀；TLI 值为 0.930，大于 0.9，模型适配情况优秀；CFI 值为 0.924，模型适配情况优秀。由此可以看出，本研究模型的各个指标都较好，这说明模型整体拟合情况较好，模型设计合理。

模型输出结果和路径系数结果如表 6-30 所示。

表 6-30   **结构方程模型路径系数结果**

路径			标准化系数	非标准化系数	标准误差	C.R.	P
市场竞争强度	←	数字化转型	0.505	0.344	0.030	11.623	***
市场竞争强度	←	组织创新能力	0.689	0.439	0.031	14.265	***
创新绩效	←	市场竞争强度	0.289	0.323	0.097	3.315	***
创新绩效	←	组织创新能力	0.477	0.340	0.050	6.779	***
创新绩效	←	数字化转型	0.436	0.332	0.042	7.863	***
战略转型	←	数字化转型	0.884	1.000			
数字资产	←	数字化转型	0.926	1.116	0.046	24.370	***
数字化平台	←	数字化转型	0.888	1.030	0.043	23.885	***
组织创新	←	组织创新能力	0.904	0.888	0.040	22.390	***
创新机制	←	组织创新能力	0.937	1.000			
行业竞争	←	市场竞争强度	0.804	1.000			

路径			标准化系数	非标准化系数	标准误差	C. R.	P
用户黏度	←	市场竞争强度	0.782	1.003	0.069	14.491	***
管理创新	←	创新绩效	0.859	1.000			
经营效率创新	←	创新绩效	0.886	0.942	0.051	18.447	***
市场创新	←	创新绩效	0.886	1.013	0.053	19.094	***

注：***代表在1%的水平上显著。

（一）数字化转型与创新绩效的关系

假设H1为数字化转型对创新绩效有正向影响，从表6-30可以看出数字化转型和创新绩效路径系数是0.332，在0.001置信水平上显著，说明数字化转型对创新绩效具有正向影响。两者的标准化系数是0.436，这说明数字化转型变化1个单位可以引起企业创新绩效同向变化0.436个单位，假设H1得到验证。

（二）组织创新能力与创新绩效的关系

假设H2为组织创新能力对创新绩效有正向影响，从表6-30可以看出组织创新能力和创新绩效路径系数是0.340，在0.001置信水平上显著，说明组织创新能力对创新绩效具有正向影响。两者的标准化系数是0.477，这说明数字化转型变化1个单位可以引起企业创新绩效同向变化0.477个单位，假设H2得到验证。

（三）数字化转型与市场竞争强度的关系

假设H3为数字化转型对市场竞争强度有正向影响，从表6-30可以看出数字化转型和市场竞争强度路径系数是0.344，在0.001置信水平上显著，说明数字化转型对市场竞争强度具有正向影响。两者的标准化系数是0.505，这说明数字化转型变化1个单位可以引起市场竞争强度同向变化0.505个单位，假设H3得到验证。

（四）组织创新能力与市场竞争强度的关系

假设H4为组织创新能力对市场竞争强度有正向影响，从表6-30可以看出组织创新能力和市场竞争强度的路径系数是0.439，在0.001置信水平上显著，说明组织创新能力对市场竞争强度具有正向影响。两者的标准化系数是 0.689，这说明组织创新能力变化 1 个单位可以引起市场竞争强度同向变化 0.689 个单位，假设 H4 得到验证。

（五）市场竞争强度与创新绩效的关系

假设 H5 为市场竞争强度对创新绩效有正向影响，从表 6 - 30 可以看出数字化转型和创新绩效路径系数是 0.323，在 0.001 置信水平上显著，说明市场竞争强度对创新绩效具有正向影响。两者的标准化系数是 0.289，这说明数字化转型变化 1 个单位可以引起企业创新绩效同向变化 0.289 个单位，假设 H5 得到验证。

（六）各维度分析

本书研究中所有观察变量的路径系数都大于 0 且在 0.001 的置信水平上显著，说明本书研究中设计的各个问卷题目可以较好地说明本书涉及的研究内容。从表 6 - 30 中可以看出，数字化转型、市场竞争强度、组织创新能力和创新绩效四个一阶潜变量下的各个二阶潜变量均在 0.001 的置信水平上与其一阶潜变量之间具有显著的正相关关系，说明本书研究中各个变量划分的维度可以较好地表征其变量。

三、中介效应检验

在上一部分使用 SPSS 进行多元回归，分析变量之间的中介效应，这样的判断方式可以对模型进行验证，但模型精度存在一定的问题。为了更科学、精确地验证中介效应相关假设，本书在结构方程模型的基础上使用 AMOS 的 Bootstrap 方法对市场竞争强度的中介效应进行验证。Bootstrap 方法是目前最为常用的验证中介效应的方法。Bootstrap 检验结果如表 6 - 31 所示。

表 6 - 31　　　　　　　标准化的 Bootstrap 中介效应检验结果

路径	点估计值	标准误差	P 值	Bias-corrected 95% CI		Percentile 95% CI	
				Lower	Upper	Lower	Upper
数字化转型—创新绩效间接影响	0.111	0.067	0.02	0.018	0.271	0.016	0.265

路径	点估计值	标准误差	P 值	Bias-corrected 95% CI		Percentile 95% CI	
				Lower	Upper	Lower	Upper
数字化转型—创新绩效直接影响	0.332	0.08	0.001	0.181	0.483	0.165	0.472
数字化转型—创新绩效总影响	0.443	0.065	0	0.319	0.576	0.312	0.568
组织创新能力—创新绩效间接影响	0.142	0.084	0.015	0.031	0.349	0.024	0.328
组织创新能力—创新绩效直接影响	0.34	0.112	0.008	0.11	0.539	0.109	0.539
组织创新能力—创新绩效总影响	0.482	0.064	0	0.359	0.61	0.362	0.614

组织创新能力对创新绩效的总影响是 0.482，在 95% 的置信水平下，使用 Bias-corrected 方法的置信区间是 [0.359, 0.61]，使用 Percentile 方法的置信区间是 [0.362, 0.614]，两者均在（0，+∞）的范围内，P 值为 0.000，小于 0.05，组织创新能力对创新绩效的总效应显著；组织创新能力对创新绩效的间接影响为 0.142。在 95% 的置信水平下，使用 Bias-corrected 方法计算的置信区间为 [0.031, 0.349]，使用 Percentile 方法计算的置信区间为 [0.024, 0.328]，两种方法计算得出的置信区间都在（0，+∞）的范围内，P 值为 0.015，小于 0.05，这表明组织创新能力对创新绩效存在间接效应；组织创新能力对创新绩效的直接效应为 0.34，在 95% 的置信水平下，使用 Bias-corrected 方法计算的置信区间为 [0.11, 0.539]，使用 Percentile 方法计算的置信区间为 [0.109, 0.539]，两种方法计算得出的置信区间都在（0，+∞）的范围内，P 值为 0.008，小于 0.05，这表明组织创新能力对创新绩效存在直接效应。因此，可以得出结论，市场竞争强度在组织创新能力对

创新绩效的影响中起到中介作用，假设 H7 得到验证。

四、各维度直接效应检验

（一）数字化转型各维度直接效应检验

数字化转型三个维度变量与市场竞争强度、创新绩效的关系如图 6 - 3 所示，利用 AMOS 对该模型进行检验，结果如表 6 - 32 所示。

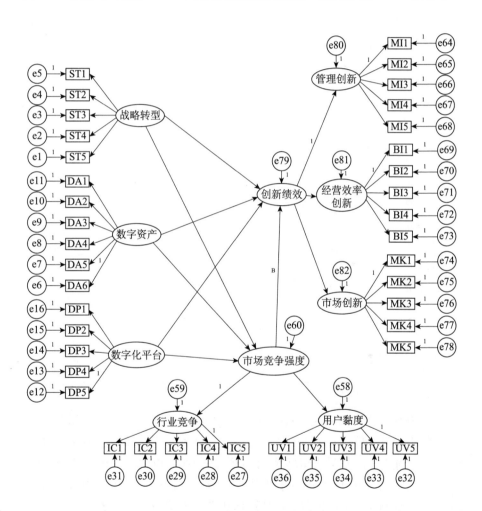

图 6 - 3 数字化转型结构方程模型

表 6 – 32   模型适配度结果

指标	参考标准	运行结果
CNIS/DF	1～3 为优秀，3～5 为良好	4.350
RMSEA	小于 0.05 为优秀，0.05～0.08 为良好	0.077
IFT	大于 0.9 为优秀，0.8～0.9 为良好	0.913
TLI	大于 0.9 为优秀，0.8～0.9 为良好	0.907
CFI	大于 0.9 为优秀，0.8～0.9 为良好	0.913

如表 6 – 32 所示，根据模型拟合的参考标准，模型的各个指标都较好，这说明模型整体拟合情况较好，模型设计合理。模型输出结果和路径系数结果如表 6 – 33 所示。

表 6 – 33   数字化转型路径系数结果

路径		标准化系数	非标准化系数	标准误差	C. R.	P 值
市场竞争强度	← 数字化平台	0.44	0.242	0.025	9.619	***
市场竞争强度	← 数字资产	0.321	0.169	0.023	7.312	***
市场竞争强度	← 战略转型	0.439	0.247	0.026	9.566	***
创新绩效	← 市场竞争强度	0.577	0.653	0.085	7.693	***
创新绩效	← 数字化平台	0.261	0.162	0.028	5.821	***
创新绩效	← 数字资产	0.11	0.066	0.023	2.827	0.005
创新绩效	← 战略转型	0.218	0.139	0.028	4.892	***
行业竞争	← 市场竞争强度	0.773	1			
用户黏度	← 市场竞争强度	0.777	1.028	0.078	13.103	***
管理创新	← 创新绩效	0.848	1			
经营效率创新	← 创新绩效	0.862	0.929	0.055	17.014	***
市场创新	← 创新绩效	0.846	1.016	0.057	17.929	***

注：***代表在 1% 的水平上显著。

从表 6 – 33 中可以看出战略转型对市场竞争强度和创新绩效路径的系数分别为 0.247（在 0.001 置信水平上显著）和 0.139（在 0.001 置信水平上显著），说明战略转型对市场竞争强度和创新绩效具有正向影响，战略转型变化 1 个单位可以引起市场竞争强度同向变化 0.439 个单位，引起创新绩效同向变化 0.218 个单位，假设 H1a 和 H3a 得到验证。

数字资产对市场竞争强度和创新绩效路径的系数分别为 0.169（在 0.001 置信水平上显著）和 0.066（在 0.01 置信水平上显著），说明数字资产对市场竞争强度和创新绩效具有正向影响，数字化平台变化1个单位可以引起市场竞争强度同向变化0.321个单位，引起创新绩效同向变化0.11个单位，假设H1b和H3b得到验证。

数字化平台对市场竞争强度和创新绩效路径的系数分别为0.242（在0.001置信水平上显著）和0.162（在0.001置信水平上显著），说明数字化平台对市场竞争强度和创新绩效具有正向影响，数字化平台变化1个单位可以引起市场竞争强度同向变化0.44个单位，引起创新绩效同向变化0.261个单位，假设H1c和H3c得到验证。

（二）组织创新能力各维度直接效应检验

组织创新能力两个维度组织创新和创新机制的关系如图6-4所示，利用AMOS对该模型进行检验，结果如表6-34所示。

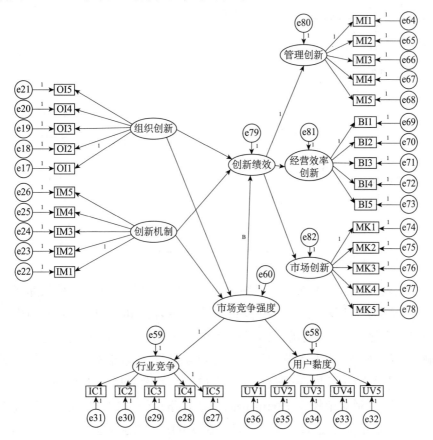

图6-4 组织创新能力结构方程模型

表 6 - 34 模型适配度结果

指标	参考标准	运行结果
CNIS/DF	1 ~ 3 为优秀，3 ~ 5 为良好	3.960
RMSEA	小于 0.05 为优秀，0.05 ~ 0.08 为良好	0.072
IFT	大于 0.9 为优秀，0.8 ~ 0.9 为良好	0.935
TLI	大于 0.9 为优秀，0.8 ~ 0.9 为良好	0.929
CFI	大于 0.9 为优秀，0.8 ~ 0.9 为良好	0.935

如表 6 - 34 所示，根据模型拟合的参考标准，本研究模型的各个指标都较好，这说明模型整体拟合情况较好，模型设计合理。模型输出结果和路径系数结果如表 6 - 35 所示。

表 6 - 35 组织创新路径系数结果

路径			标准化系数	非标准化系数	标准误差	C. R.	P 值
市场竞争强度	←	创新机制	0.589	0.353	0.027	13.238	***
市场竞争强度	←	组织创新	0.522	0.339	0.028	11.983	***
创新绩效	←	市场竞争强度	0.536	0.611	0.09	6.772	***
创新绩效	←	创新机制	0.332	0.227	0.037	6.126	***
创新绩效	←	组织创新	0.218	0.162	0.037	4.406	***
行业竞争	←	市场竞争强度	0.8	1			
用户黏度	←	市场竞争强度	0.793	1.019	0.07	14.562	***
管理创新	←	创新绩效	0.864	1			
经营效率创新	←	创新绩效	0.896	0.947	0.05	18.871	***
市场创新	←	创新绩效	0.854	1.01	0.052	19.349	***

注：***代表在 1% 的水平上显著。

从表 6 - 35 中可以看出组织创新对市场竞争强度和创新绩效路径的系数分别为 0.339（在 0.001 置信水平上显著）和 0.162（在 0.001 置信水平上显著），说明组织创新对市场竞争强度和创新绩效具有正向影响，组织创新变化 1 个单位可以引起市场竞争强度同向变化 0.522 个单位，引起创新绩效同向变化 0.218 个单位，假设 H2a 和 H4a 得到验证。

创新机制对市场竞争强度和创新绩效路径的系数分别为 0.353（在 0.001 置信水平上显著）和 0.227（在 0.001 置信水平上显著），说明创新机制对市场竞争强度和创新绩效具有正向影响，创新机制变化 1 个单位可以引起市场竞争强度同向变化 0.589 个单位, 引起创新绩效同向变化 0.332 个单位, 假设 H2b 和 H4b 得到验证。

(三) 市场竞争强度各维度直接效应检验

市场竞争强度两个维度行业竞争和用户黏度的关系如图 6－5 所示, 利用 AMOS 对该模型进行检验, 结果如表 6－36 所示。

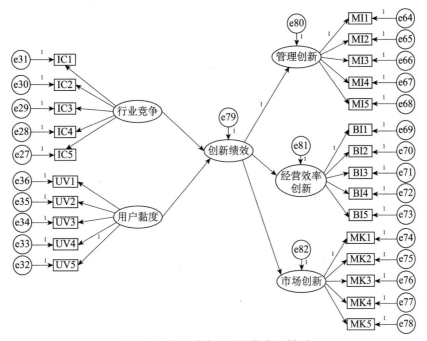

图 6－5　市场竞争强度结构方程模型

表 6－36　　　　　　　　　　模型适配度结果

指标	参考标准	运行结果
CNIS/DF	1～3 为优秀, 3～5 为良好	4.678
RMSEA	小于 0.05 为优秀, 0.05～0.08 为良好	0.080
IFT	大于 0.9 为优秀, 0.8～0.9 为良好	0.940
TLI	大于 0.9 为优秀, 0.8～0.9 为良好	0.933
CFI	大于 0.9 为优秀, 0.8～0.9 为良好	0.940

如表 6－36 所示, 根据模型拟合的参考标准, 本研究模型的各个指标都较好, 这说明模型整体拟合情况较好, 模型设计合理。模型输出结果和路径系数结果如表 6－37 所示。

表6-37 　　　　　　　　　**行业竞争路径系数结果**

路径			标准化系数	非标准化系数	标准误差	C. R.	P值
创新绩效	←	行业竞争	0.481	0.407	0.032	12.763	***
创新绩效	←	用户黏度	0.579	0.475	0.032	14.683	***
管理创新	←	创新绩效	0.88	1			
经营效率创新	←	创新绩效	0.89	0.928	0.048	19.327	***
市场创新	←	创新绩效	0.877	1.015	0.05	20.375	***

注：***代表在1%的水平上显著。

从表6-37可以看出行业竞争对创新绩效路径的系数为0.407（在0.001置信水平上显著），说明行业竞争对创新绩效具有正向影响，行业竞争对创新绩效的标准化系数是0.481，说明行业竞争变化1个单位可以引起创新绩效同向变化0.481个单位，假设H5a得到验证。

用户黏度对创新绩效路径的系数为0.475（在0.001置信水平上显著），说明用户黏度对创新绩效具有正向影响，用户黏度对创新绩效的标准化系数是0.579，说明用户黏度变化1个单位可以引起创新绩效同向变化0.579，个单位，假设H5b得到验证。

第七节　检验结果汇总

通过相关性分析、描述性统计、多元回归分析和结构方程模型分析，可以得到不同变量关系的研究结果，本书提出的假设验证结果如表6-38所示。

表6-38 　　　　　　　　　**假设验证结果汇总**

假设编号	假设	假设结果
H1	数字化转型对智能制造企业的创新绩效具有正向影响	成立
H1a	战略转型对智能制造企业的创新绩效具有正向影响	成立
H1b	数字资产对智能制造企业的创新绩效具有正向影响	成立
H1c	数字化平台对智能制造企业的创新绩效具有正向影响	成立
H2	组织创新能力对企业创新绩效具有正向影响	成立

续表

假设编号	假设	假设结果
H2a	组织创新对企业创新绩效具有正向影响	成立
H2b	创新机制对企业创新绩效具有正向影响	成立
H3	数字化转型对市场竞争强度具有正向影响	成立
H3a	战略转型对市场竞争强度具有正向影响	成立
H3b	数字资产对市场竞争强度具有正向影响	成立
H3c	数字化平台对市场竞争强度具有正向影响	成立
H4	组织创新能力对市场竞争强度具有正向影响	成立
H4a	组织创新对市场竞争强度具有正向影响	成立
H4b	创新机制对市场竞争强度具有正向影响	成立
H5	市场竞争强度对智能制造企业创新绩效具有正向影响	成立
H5a	行业竞争对智能制造企业创新绩效具有正向影响	成立
H5b	用户黏度对智能制造企业创新绩效具有正向影响	成立
H6	市场竞争强度在数字化转型对智能制造企业创新绩效的影响中起到中介作用	成立
H7	市场竞争强度在组织创新能力对智能制造企业创新绩效的影响中起到中介作用	成立

第八节 检验结果分析与讨论

一、数字化转型和企业创新绩效的讨论

回归分析、相关分析和结构方程模型分析结果表明，数字化转型对企业创新绩效存在正向影响，原因在于：

首先，在数字经济时代，传统制造企业受到互联网的影响，业务量下降，企业经营效率低下。而一旦进行数字化转型，制造企业则可以在共享服务云平台的帮助下以较低的成本获得更先进的信息技术服务，从而提高企业效率。数字化转型帮助了智能制造企业改革传统商业模式，从而整合自上而下的资源，更广泛地连接资源，实现在线客户、在线服

务、在线员工和在线管理；也使得客户服务更加灵活，通过准确了解客户的实际需求，为客户提供更准确的产品，提高业务效率，提高业务管理效率。以云服务为例，智能制造企业能够利用云服务平台寻找各种有价值的市场信息，了解市场环境和客户需求，有针对性地优化和调整业务，提高创新绩效。

其次，战略转型可以帮助企业降低成本，《第四次工业革命对经济发展的影响报告》提出，企业数字化转型可以大大降低成本，提高运营效率。其中，制造企业可以通过数字化转型将成本降低17%，物流服务企业可以通过数字化转型将成本降低34%，零售企业可以通过数字化转型将成本降低8%，特别是对于一些从事生产和加工的中小型制造企业来说，数字化转型可以帮助它们完成生产自动化操作。数字技术的应用使信息流动更加方便，传统的企业规模经济逐渐衰退。战略转型更重要的意义是让企业能够充分探索业务发展的新模式和价值，即最大限度地发挥数字技术的作用，重新规划流程，进行流程再造，流程再造不是对现有生产模式的具体改进，而是从整体上对企业进行审视，根据客户服务的结果对流程进行重组和设计，解决公司响应慢、运营效率低的问题。在数字时代，所有公司都是跨境网络节点。企业增值模式从传统的线性结构转变为扁平结构，弥补了传统企业部门之间的差距，数据流自上而下，不再是相互独立的，信息流和物流可以在水平和垂直方向上顺畅流动，企业可以快速响应市场变化，创造高效的信息流，以便物流、信息流和数据流的流畅运动为创新绩效的提升赋能。

最后，企业本身就是各种资源的聚集有机体，企业拥有的数字资产的差异性和非模仿性是其独特的竞争优势。数字资产是数字时代企业的资产，是推动企业创新发展的引擎和动力。通过积累数字资产，提高数字资产使用能力，企业可以更顺利地深入推进个性化产品，更容易掌握产品制造的规律，实现产品技术创新。一般而言，企业数字资源使用能力的差异会导致其创新能力的不同，这些差异又会影响企业的产品和技术服务，导致企业产品和技术服务产生异质性，而这样的异质性恰恰就是数字经济时代企业的创新能力。因此，数字基础设施、数字资产的构建是企业形成独特的、不可模仿的数字优势的基础，是企业创新能力形成的关键。

二、组织创新强度和企业创新绩效的讨论

回归分析、相关分析和结构方程模型分析结果表明，组织创新强度与企业创新绩效呈正相关关系，组织创新和创新机制都会对创新绩效产生正向影响，原因在于：

首先，善于进行组织创新的企业能够与时俱进地对组织结构、员工和部门职权分配、管理手段和管理制度进行优化与调整，为创新活动扫清障碍。理想化的组织结构和组织管理手段都应是动态变化的，因为企业处于市场中，环境的变化以及企业战略的变化会使企业的组织结构与管理手段不一定适合企业的发展，企业必须根据市场环境的变化对企业内部各个组织要素进行创造性调整。唯有组织创新与企业实际情况相匹配，组织进行创新活动的力量才不会被束缚，才能完全激发员工的活力与创造力，帮助企业实现自身内部结构与外部环境变化的统一。制造企业往往会面临资金、人才等资源的限制，组织创新能够帮助企业提升资源的利用效率，用有限的资源开展尽可能多的创新活动，提升创新绩效。

其次，对于制造企业突破固有的思维方式和生产模式而言，创新机制是提升创新绩效的有效手段，在数字经济时代，去中心化、去专门化和去正式化的思路成为机制创新的内涵，从根本上改变了企业员工进行创新活动的动机，从而影响了创新活动的效率，企业的创新机制可以改变企业的分权或集权程度，如果企业的运营模式发生了柔性化的变革，就增强了企业的灵活性和开放性，加强与其他企业的交流，从而促进企业创新绩效的提升。

三、市场竞争强度的中介效应讨论

实证分析结果证明，市场竞争强度在数字化转型、组织创新强度对企业创新绩效的影响中起到了部分中介作用，数字化转型和组织创新强度既可以直接提升企业的创新绩效，也可以通过市场竞争强度间接提升企业创新绩效，原因在于：

（一）市场竞争强度在数字化转型对企业创新绩效的影响中起到中介作用

首先，企业在数字化转型中进行的战略转型涉及各项资源的分配、重构、调整与利用，可能会对整个行业的竞争格局产生影响，每一个企业都是行业中复杂价值网络上的一个节点，当一个企业开始数字化转型时，行业网络中的其他节点不可能独善其身。随着数字化转型的浪潮逐渐席卷整个行业，数字化思维使整个行业的运行逻辑发生改变、行业的竞争强度发生变化。在不同的行业竞争强度下，企业能够感受到的创新动力是不同的。当市场竞争强度较低时，处于优势地位的企业占据先发优势，技术水平往往遥遥领先，这就可能在企业内部产生一种不思进取、安于现状的氛围，战略趋于保守，企业员工缺乏进行创造性活动的动力。但当市场竞争强度较高时，同行业竞争者之间呈现出一种你追我赶的竞争态势，那么企业内部就会形成一种积极进取的氛围。由于担心生存受到威胁，企业会采取更加主动、有侵略性的战略，企业员工也会因此产生较强的创新动力。

其次，竞争与合作是相辅相成的，市场竞争强度较高的行业也同样意味着行业内企业有更频繁的交流与沟通，企业与企业、企业与用户之间的信息流量更大。对于数字化平台建设更完善、数字资产质量更高的企业而言，他们可以通过数字化转型积累信息处理、数据处理能力。在企业日常运营过程中，通过获取数据、分析数据并利用数据，将信息为自己所用，优化产品设计与创新。自己企业经营过程中产生的历史数据以及其他企业产生的数据，都是企业进行创新活动时的一面"明镜"，既能吸取成熟经验让自己直达目标，少走弯路，也可以与其他企业的思想进行碰撞，而思想的碰撞很容易产生新的想法，又可能成为一款新产品或一项新技术的起点。

（二）市场竞争强度在组织创新强度对企业创新绩效的影响中起到中介作用

一方面，市场竞争强度对于组织的意义在于使组织各部门、各成员之间形成了良好的合作氛围。创新成果从产出到检验到最终应用，是一个需要组织各部门加强协作与沟通的过程。市场竞争强度高，就会使企业内部产生一种居安思危、紧张的气氛，在市场中生存下去的压力由企业逐级传递至各部门、各部门的基层员工。各部门在竞争的压力下目标一致，那就是共同努力让企业生存下去，组织各个部分也因此都有了更强的动力进行协作沟通，不会过分地懒散懈怠，于是，创新活动在组织内的运行更加顺畅。

另一方面，随着组织创新能力的提升，企业能够更快地捕捉市场变化，采取措施把握并迎合消费者变化的需求，用户黏度随之提升，企业的产品成为消费者的首选。一般来说，用户黏度越高，企业所拥有的客户群体就越稳定。任何创新活动的开展都要进行一定的尝试，而稳定的客户群体意味着企业的试错空间相对较大。用户黏度较大的消费者总是能对企业的新产品、新服务抱有支持的积极态度，且他们与企业之间的沟通机制也更加完善，愿意对企业某种创新成果的意见进行反馈。来自消费者的一手信息是最真实的、最有价值的、最贴近市场的宝贵财富。用户黏度大，企业就拥有更多的消费者反馈信息，就能为企业后续进行创新活动提供指导与帮助。因此，可以归纳为消费者的支持成为企业开展创新活动的动力。

第九节　本章小结

本章对本书第四章提出的 19 个假设进行了实证检验。首先对被调查的企业进行了描述性统计分析；其次对变量进行了信度检验、效度检验、共线性诊断以及因子分析，以确认数据有效，可以进行回归分析；再次对假设中提出的假设（直接效应和中介效应）进行了回归分析和结构方程模型分析，验证结果表明 19 个假设全部成立；最后对实证研究的结果进行了讨论，分析变量之间的详细作用机制。

第七章　结论与展望

本章总结了本书的研究结果，并深入探讨了数字化转型、组织创新能力、市场竞争强度对企业创新的影响。数字化转型能推动企业创新发展，组织创新能力能提升企业的整体创新绩效，适度的市场竞争能激发企业的创新活力。而新质生产力则以其独特的数字化、网络化、智能化特性，为企业创新提供了更广阔的空间和可能性。基于这些发现，笔者建议企业不仅应加大数字化转型投入，培养内部创新能力，密切关注市场动态以制定合理的竞争策略，而且还应积极探索和融入新质生产力，以驱动企业实现更高效、更灵活的创新发展。在分析过程中，笔者也深刻认识到研究的局限性，并期待在未来的研究中进一步拓展和深化对新质生产力的理解和应用。

第一节　主要研究结论

智能制造企业的创新绩效提升问题，近年来在学术界备受瞩目。然而，现有的研究往往侧重于数字化转型和组织创新能力对创新绩效的直接影响，而对于这些变量之间的复杂作用机制以及如市场竞争强度等外部因素的考量相对较少。特别是在当前新质生产力不断涌现的背景下，如何将这些新要素纳入研究视野，探讨它们对创新绩效的潜在影响，显得尤为关键。新质生产力，以其独特的技术特性和创新资源配置方式，正逐步改变着智能制造企业的竞争格局和创新路径。新质生产力不仅仅是一种技术或生产方式的革新，它更是一种全新的价值创造体系，一种融合了最新科技、创新理念与市场需求的生产力形态。新质生产力代表着数字化、网络化、智能化与实体经济深度融合后产生的新型生产能力和效率。这种生产力形态，不再是简单的机械化大生产，而是基于数据驱动的精准化、个性化生产。它运用大数据、云计算、物联网、人工智能等先进技术，对生产流程进行智能优化，实现资源的高效配置和生产过程的自动化控制。当本书阐述数字化转型与新质生产力的深度融合时，实际上是在进行一场关于产业变革的探索。这场变革不仅涉及生产技术的升级，更包括生产关系、组织结构和商业模式的创新。数字化转型为新质生产力的发展提供了强大的技术支撑，而新质生产力则推动着数字化转型向更深层次、更广领域拓展。

在本书研究中注意到，尽管市场竞争强度对创新绩效的影响不容忽视，但相关实证研究仍显不足。同时，现有研究在构建变量间作用模型时，多依赖于理论分析和文献综述，缺乏更多实证依据。为了填补这一研究空白，笔者从文献梳理、理论分析和探索性案例研究三个维度入手，创新性地构建了包含智能制造企业数字化转型、组织创新能力、市场竞争强度和创新绩效在内的理论框架。在此过程中，笔者特别关注新质生产力如何与这些核心要素相互作用，进而影响企业的创新绩效。通过深入的数据分析，本书中研究得出了若干重要结论。这些结论不仅系统化了智能制造企业中多个变量之间的复杂关系，还丰富了对新质生产力在创新过程中作用的理解。

一、数字化转型助推智能制造企业创新升级

数字化转型在智能制造领域正展现其强大的推动力，与企业创新绩效之间存在着紧密的正向关联关系，数字化转型涵盖的三个核心维度——战略转型、数字资产和数字化平台，这三个维度共同为智能制造企业的创新绩效带来了显著的正面效应。

战略转型对企业而言是数字化转型的顶层设计和方向指引。智能制造企业通过战略转型，可以明确数字化转型的目标和路径，进而确保各项数字化举措与企业的整体战略保持一致。而战略转型的成功实施，又

能够使企业在市场竞争中占据有利地位，实现可持续发展。同时，战略转型还能推动企业不断优化业务流程、提升管理水平，从而进一步提高创新绩效。数字资产在数字化转型中也扮演着至关重要的角色。数字资产包括数据、信息、知识等，是智能制造企业的宝贵资源。通过有效地管理和利用这些数字资产，企业能够更好地洞察市场趋势，优化产品设计，提升产品质量和服务水平。数字资产的充分利用，不仅有助于企业降低成本、提高效率，还能推动企业不断创新，开发出更具竞争力的产品和服务。数字化平台则为企业提供了一个集成化、高效的工作环境。通过数字化平台，企业能够实现信息的实时共享、流程的高效协同以及数据的精准分析。这不仅提高了企业内部的工作效率，还使企业能够更快速地获取市场反馈，及时调整产品和市场策略。数字化平台的运用，有助于企业打破传统的工作模式，实现更加灵活、高效的运营，从而提升创新绩效。

智能制造企业在数字化转型的浪潮中，需要深刻理解数字化转型的内涵，并将其视为提升创新能力和市场竞争力的关键手段。数字化转型不仅意味着技术的升级和流程的优化，更代表着企业思维方式的转变。在数字化转型的过程中，智能制造企业需要全面审视自身的业务模式、组织结构以及企业文化，确保与数字化转型的步伐相协调。因此，为了有效提升创新能力，企业可以从战略转型、数字资产管理和数字化平台运营三个方面着手。

在战略层面，智能制造企业需要用数字化的视角来重新审视并优化其业务流程。利用大数据技术，企业可以对消费者的消费习惯与偏好进行深入挖掘，更准确地预测市场动态，从而指导产品的设计、生产及改进决策。此外，数字技术还能助力改进工业设计和生产流程，例如通过虚拟仿真和测试，降低物理原型的制作成本及时间消耗，实现产品开发的高效化与精确化。

数字资产的管理同样不容忽视。智能制造企业应充分发挥数字资产的潜在价值，这些资产不仅包括海量的数据和信息，还涵盖了各类数字化的设备与工具。例如，利用尖端的 CAD 设计软件，设计师能够更精准、更迅速地完成设计任务；而 3D 打印技术的引入，则使得产品原型的快速制作成为可能，便于后续的测试与改良。

在运营方面，构建一个集信息共享、协同合作与创新功能于一体的数字化平台至关重要。这样的平台不仅能促进企业内各部门的顺畅沟通与合作，还能与外部设计机构、供应商及客户建立连接，形成一个开放且充满活力的创新生态体系。借助此平台，企业能够及时捕捉并吸纳前沿的工业设计理念与技术，持续提升产品的创新性，从而在激烈的市场竞争中脱颖而出。

二、组织创新能力是智能制造企业创新的燃料

组织创新能力的两大核心是组织创新和创新机制，这两者的有效结合为智能制造企业在激烈的市场竞争中脱颖而出提供了强大的动力。随着科技的飞速进步和全球化的深入推进，智能制造企业所处的商业环境日益复杂多变。为了在这种环境中立足，企业必须拥有快速适应和响应市场变化的能力。组织创新正是为了应对这一挑战而生，它使企业能够打破传统的组织结构和管理模式，构建更加灵活高效的组织形态，从而更好地捕捉和应对市场机遇。而创新机制的核心价值在于激发企业内部的创新动力。特别是在智能制造领域，技术创新与产品升级是维持竞争优势的关键因素。通过明确创新方向、提供充足的资源支持以及实施有效的激励策略，创新机制能够显著促进企业内部的知识创造和技术革新，推动企业持续向前发展。结合组织创新，这些机制为智能制造企业构建了一个全面且多层次的创新体系。这种体系不仅增强了企业在组织结构和管理流程上的灵活性与适应性，还促进了在技术创新和产品升级方面的持续突破，使企业能够在激烈的市场竞争中凸显优势。有效的创新机制不仅对企业内部的技术和产品开发至关重要，也会对企业的整体战略定位和市场表现产生深远影响。

组织创新的实施涉及对企业组织结构、职权分配及部门协作的全面革新。对于智能制造企业而言，传统的组织结构已无法适应快速变化的市场环境和技术发展。因此，需要不断地调整和优化其结构，确保部门之间的高效协作和职权的合理配置。例如，通过扁平化管理减少层级，加快决策速度；通过跨部门团队合作，打破信息壁垒，促进知识共享。

创新机制的构建也是提升组织创新能力的重要环节。一个健全的创新机制能够激发员工的创新热情，以促进企业内部的知识创造和技术革新。而为了发挥创新机制的激励效应，智能制造企业就需要建立一套完善的创新奖励体系，对成功的创新项目进行物质和精神上的双重奖励，以鼓励员工提出新想法、新方案；还应为员工提供充足的创新资源和支持，如研发资金、技术指导和市场推广等，以确保创新项目的顺利实施；此外，智能制造企业还需不断优化工作流程和调整业务流程，提升工作效率，减少资源浪费，同时灵活调整业务流程，以更好地适应市场需求，增强市场竞争力。

组织创新能力的提升并非一蹴而就，而是一个持续的过程。智能制造企业需要营造一个开放、包容的创新氛围，鼓励员工积极参与创新活动，不断提升自身的创新意识和创新能力。企业还应加强与外部创新资源的合作与交流、吸取他人的经验教训，避免闭门造车。

三、数字化转型是市场竞争的催化剂

数字化转型与市场竞争强度之间存在正相关的关系。数字化转型不仅为企业内部运营带来翻天覆地的变革，更在市场竞争中展现出其强大的推动力。互联网、大数据、云计算和人工智能等技术的应用，不但降低了创业创新的成本和市场准入门槛，还使得企业可以迅速获取市场动态、竞争对手的情况以及客户需求等信息。这些信息的快速流通加快了市场的变化速度，导致企业之间的竞争愈发激烈。这些技术提高了市场信息的透明度，降低了市场准入门槛，同时促进了产品与服务的个性化及商业模式的创新，导致市场的多元化竞争以及强度的持续加剧。新兴技术的应用还让企业可以更加精准地了解客户需求，有能力提供定制化的产品和服务。这种个性化的竞争方式使得市场更加多元化，却又增加了企业在市场中脱颖而出的难度。数字化转型还带来了共享经济、平台经济等一大批新的商业模式，打破了传统的市场格局。

数字化转型加剧了市场竞争，使市场竞争变得更加激烈和复杂。因

此，智能制造企业在数字化转型过程中需要深刻理解这一现象，不断强化自身的竞争力和适应能力，以应对日益激烈的市场竞争。

四、组织创新能力进一步提升市场竞争强度

组织创新能力与市场竞争强度之间存在正向关系，随着企业组织创新能力的提升，市场竞争也呈现出愈演愈烈的趋势。组织创新和创新机制作为组织创新能力的两大支柱，都对市场竞争强度的提升有积极的促进作用。

组织创新使得企业能够更快速响应市场变化，并灵活调整战略和业务模式。这让企业在捕捉市场机会、满足客户需求方面更具优势，从而加剧了市场竞争。当有企业通过组织创新实现了高效运营和优质服务时，其他企业为了保持竞争力，也会进行相应的创新和改进，这样就形成了一个竞相创新的良性循环，由此推动了整个行业的进步。而创新机制作为激发企业内部创新活力的关键因素，也间接加剧了市场竞争。健全的创新机制能够激励员工提出新思路和解决方案，驱动企业不断进行技术更新和产品升级。当企业借助创新机制持续推出新产品或服务时，为了维持市场份额，其他企业也必须加大创新投入，以应对竞争挑战。这种连锁反应自然而然地提升了整个市场的竞争强度。

组织创新能力通过推动企业内部创新和外部市场竞争，无疑激化了市场竞争的激烈程度。这种竞争不仅促进了整个行业的进步与发展，也激励企业不断追求卓越，从而为消费者提供更多高质量的产品和服务。因此，对于智能制造企业来说，不断提升组织创新能力是应对日益激烈的市场竞争的关键所在。

五、市场竞争强度激发企业创新潜力

在当今的商业环境中，市场竞争的激烈程度不言而喻。然而，这种竞争并不总是消极的；相反，它已成为推动企业创新的重要力量。市场竞争强度与企业创新绩效之间存在着一种微妙的正相关关系，这种关系通过行业竞争和用户黏度两个维度得以体现，并对企业的创新发展产生深远影响。

聚焦于行业竞争这一维度，激烈的市场环境迫使企业必须不断创新才能突围而出。当一家企业推出新的产品或服务时，其他竞争对手为了保持市场份额，也会被迫进行创新。这种"创新竞赛"不仅推动了整个行业的发展，还提高了企业的创新绩效。以智能手机行业为例，厂商之间的竞争推动了技术革新和产品升级，使消费者获得更先进、更便捷的使用体验。而除了行业竞争，用户黏度也是影响企业创新绩效的重要因素，竞争激烈的市场环境要求企业提供更高质量的产品和服务以吸引和保留客户，因而企业需要通过持续的创新来满足用户日益增长的多样化需求。当用户对某个品牌或产品形成依赖和信任后，他们就转变为忠实的支持者，为企业带来稳定的收益。提高用户黏度不仅有助于企业在激烈的市场竞争中保持优势，还能进一步激发企业的创新活力。

市场竞争强度对企业创新绩效的正向影响并非偶然，而是市场机制的自然表现。竞争的压力激励着企业进行持续的自我更新，从而提升整个行业的创新能力。因此，企业应该积极应对市场竞争，将其作为促进创新的一种动力。

六、市场竞争强度是数字化转型激发企业创新的路径

市场竞争的激烈程度对企业创新绩效的影响是通过数字化转型来实现的。数字化转型就像是企业进行的一场重大变革，它需要重新思考企业的运营方式、组织结构以及技术应用等，进行全方位的革新。企业通过采纳先进技术和系统，能够实现更高效的生产管理、更精确的市场定位以及更优质的服务，这些改变直接提升了企业的运营效率和市场竞争力，同时也为企业的创新发展注入活力。然而，数字化转型的影响远不止这些直接效益。更为重要的是，数字化转型激化了市场竞争，间接推动了企业创新绩效的提升。市场竞争强度作为衡量市场上企业间竞争程度的重要指标，显示了企业在争夺市场份额和资源方面的激烈程度。在数字化转型的大背景下，市场竞争必然持续加剧，但过度竞争可能导致企业过分追求短期利益，而忽视长远发展。

这些发现为企业在数字化转型过程中如何更有效地提升创新绩效提供了新的视角和思路。因此，企业必须充分认识到市场竞争强度在数字

化转型中的重要作用，只有精确地定位自身市场位置、制订科学的竞争策略，将提升市场竞争力作为创新发展的核心目标，企业才能在竞争中脱颖而出。

七、市场竞争是组织创新能力影响企业创新绩效的路径

市场竞争强度在组织创新能力对企业创新绩效的影响中起到了中介作用，即组织创新能力不仅直接促进了企业的创新表现，还通过增强市场竞争强度间接提高了创新的效果。

组织创新能力是企业内部的一项宝贵资源，它涵盖了企业在新产品研发、生产流程改进以及管理模式创新等多个方面的能力。这些能力赋予企业持续推陈出新和优化生产运营效率的可能，从而使其在激烈的市场竞争中获得优势。当企业展现出强大的创新能力时，他们通常能推出更具吸引力的产品或服务，进而赢得更多的市场份额。这种竞争强度的提升，反过来又激发了整个行业的创新活力，推动所有竞争者加大创新投入，持续增强自身的市场表现。此外，市场竞争的加剧还促使企业之间开展更广泛的交流与合作，共同推动技术创新和产业升级。在这个动态的过程中，那些创新能力较弱、运营效率不高的企业可能会面临被淘汰的风险，而那些具备强大创新能力和高效运营的企业则更有可能脱颖而出，获取更多的市场机会和资源。因此，市场的竞争不仅有助于优化资源的配置，还提高了整个行业的创新水平和运营效率。因此，激烈的市场竞争有助于优化市场资源配置，提高整个行业的创新水平和运营效率。

在当前的创意经济时代背景下，上述发现显得尤为重要。创意经济强调创新、独特性和差异化，这些正是组织创新能力所涵盖的核心要素。鉴于当前消费者对个性化和定制化产品的需求增加，企业必须不断提升自己的创新能力，以适应这些独特的市场需求。在这个创意驱动的经济环境中，企业必须更加敏锐地捕捉市场的微小变化，深入理解消费者的真实需求，并迅速作出反应和创新。这种由市场竞争所催生的创新活力，不仅驱动企业持续创新，更推动着整个行业的蓬勃发展。

基于上述背景，智能制造企业应充分认识组织创新能力、市场竞争

强度和创新绩效之间的紧密联系，只有不断提升组织创新能力、积极应对市场竞争，才能在这个日新月异的创意经济时代保持领先地位，实现持续的创新和发展。

第二节　数字化转型发展模式

数字化转型与新质生产力的深度融合，正在引领一场广泛而深远的经济社会变革。这一融合赋予了"按需经济"新的生命力，使得企业能够以前所未有的灵活性和精准度满足消费者的多样化需求。通过实时数据分析，企业可以预测市场动态，从而动态调整生产策略，实现资源的高效利用。同时，"无界组织"的兴起打破了传统的组织架构，使得企业能够跨越地理、文化和行业的界限，实现全球资源的优化配置。数字孪生技术的运用，更进一步提升了生产效率，通过虚拟环境的测试和优化，加快了产品创新速度，降低了试验成本。

共享经济、平台经济等新型经济形态的崛起，正是数字化转型与新质生产力融合的显著表现。这些新型经济模式利用数字技术连接供需两端，打破了传统经济体系中的信息壁垒，实现了资源的优化匹配与高效利用。随着自动化和智能化的发展，一些传统岗位可能会逐渐减少，但新的职业和就业机会也随之产生，这就要求教育体系和职业培训也要进行相应的调整和创新，以适应新的劳动力市场需求。

不难看出，数字化转型与新质生产力的融合正在多个领域推动创新和变革，为企业和社会带来了前所未有的发展机遇和挑战。这种融合不仅触发了经济模式的变革，也促进了新的业务实践和社会互动方式的形成。

一、战略性数字化转型

在数字化转型的发展模式中，战略性数字化转型尤为关键，它要求企业站在更高的战略角度，审视并布局新质生产力与数字化转型的深度融合。这种融合不仅是技术层面的对接，更是一种全新的生产关系和商业逻辑的构建。新质生产力与数字化转型的融合是企业实现可持续发展的必然选择。随着全球竞争的不断加剧和环境变化的日益复杂，企业只有不断拥抱新技术、新业态、新领域和新动能，才能在激烈的市场竞争中立于不败之地。

（一）商业模式创新

在战略性数字化转型的进程中，商业模式的创新无疑是引领变革的重要力量，而新质生产力恰恰又推动着企业商业模式的创新。商业模式的创新本质上反映了企业适应外部环境变化的能力，涉及企业如何重新定位自身以及如何为消费者创造和传递新的价值。这通常意味着企业可能需要从传统的产品制造和销售，转向提供更为全面的解决方案或服务。在新质生产力的促进下，企业商业模式的转型正逐渐向平台化和服务化演变。这种转型要求企业构建一个开放和共享的平台，吸引更多的合作伙伴和消费者参与其中，共同创造价值。这不仅是从"卖产品"向"卖服务"的简单转变，而是需要企业在组织架构、运营流程、资源配置等多个方面进行全面的优化和重组。

商业模式创新首先需要企业进行思维方式的转变，即从传统的以产品或销售为中心的思维，转向以客户和服务为中心的思维。这就要求企业必须深入理解消费者的真实需求和市场发展趋势，并重新定位自己的角色和价值。在此过程中，数字技术扮演了关键角色，它能帮助企业实时收集和分析消费者数据，精准把握市场动态。此外，商业模式的创新还表现在产品和服务的深度融合上。随着智能制造、物联网等技术的发展，企业可以更紧密地将产品和服务结合，为消费者提供更便捷、更个性化的体验。同时，商业模式的创新也需体现在企业的组织架构和运营流程上。为适应新的市场环境，企业需打破传统的部门壁垒，构建更灵活、高效的组织架构，并全面优化重组运营流程，以适应快速变化的市场需求。通过充分利用数字技术，企业就能实现业务流程的自动化和智能化，从而提高运营效率和质量。

商业模式的创新需要企业具备前瞻性的战略眼光和敏锐的市场洞察力，在这个技术更迭的新时代，市场机遇与挑战并存，企业需要密切关注新技术、新业态的发展动态，及时调整自身的战略方向和发展路径，更需要加强与外部合作伙伴的沟通和协作，共同探索新的商业模式和价值创造方式。以传统制造业为例，随着智能制造、物联网等技术的兴起，越来越多的企业开始探索如何从单纯的设备制造，转型为提供"设备＋服务"的综合解决方案。这不仅需要企业具备先进的生产技术和设备，更需要企业能够运用数字技术，实现设备、人员和服务的无缝连接。通过这样的转型，企业不仅能够为客户提供更为高效、智能的生产方式，还能够实时监控设备的运行状态，为客户提供及时的维护和升级服务。再看一些新兴的商业模式，如共享经济、平台经济等，完全打破了传统的商业模式界限。这些模式通过数字技术，将供需双方紧密地连接在一起，创造了一个全新的商业生态。在这个生态中，企业不再是单纯的产品提供者，而是价值的整合者和传递者。

（二）组织结构和文化变革

数字化转型同样是一场深刻的企业内部革命，更是顺应新质生产力发展的必然趋势。新质生产力，以数字化、网络化、智能化为特征，正推动着企业向更高效、更灵活的方向迈进。在这一过程中，企业的组织结构和文化也需要随之变革，以适应新型工业化的要求。

在组织结构方面，数字化转型推动企业向着更加扁平化、网络化的方向发展，新质生产力则要求企业建立更加灵活、高效的生产组织方式。传统的生产组织方式往往以固定的生产线和大规模生产为主，而新质生产力则更加注重生产和管理的柔性和个性化。这种变革，正是中国新发展理论中强调的创新、协调、绿色、开放、共享的新发展理念的体现。传统的金字塔式组织结构，由于层级繁多、决策缓慢，已经难以适应快速变化的市场环境。因此，企业需要打破这种固有的层级结构，建立一种更加灵活、高效的组织形态。扁平化组织结构的优势在于能够减少信息传递的层级，加速决策流程，使企业能够更快速地响应市场的变化和客户的需求。

除了追求组织结构的扁平化外，跨部门协作也是数字化转型中组织结构变革的一个重要方向。过去，企业各部门之间往往存在着壁垒，导致信息无法流通，造成资源的浪费。而在数字化推动下，企业需要打破这层障碍，促进各部门间的紧密合作与信息共享。通过建立跨部门的合作机制，企业能够更有效地整合资源，提升运营效率，从而向客户提供更优质的服务。这种改变不仅促进了企业的发展，也有助于整个社会的协调进步。

就企业文化而言，数字化转型要求企业培养一种开放、创新、协作的文化氛围，以激发员工的创造力和创新精神，使企业在市场竞争中保持领先地位。开放意味着企业要鼓励员工提出新的想法和建议，并给予他们相应的自主权和决策权。创新是企业文化的核心，它要求企业不断探索新的商业模式、技术应用和市场机会。而协作是数字化转型不可缺少的一部分，它强调团队成员间的互助和合作，共同实现企业目标。

因此，组织结构和文化的变革是数字化转型中不可或缺的一环。通过建立扁平化、灵活的组织结构和培养开放、创新、协作的企业文化，企业才可以更好地适应新的市场需求和业务模式，实现持续、健康的发展。

（三）生态系统构建

在数字化转型中，企业不再是孤立的个体，需要与合作伙伴、供应商和客户共同创建一个数字化的生态系统，以实现价值链的高效整合和快速的市场响应，从而增强整体竞争力。

首先，企业与供应商之间的合作关系变得尤为关键。在数字化转型的推动下，企业需要与供应商建立更加紧密、高效的合作关系，这不仅仅是为了确保原材料的稳定供应和质量控制，更是为了实现供应链的优化和协同。采用物联网、大数据分析等先进的数字技术，企业可以实现供应链的可视化和智能化管理，这使得企业能够实时跟踪原材料的来源、数量和质量，预测潜在供应问题，并及时进行调整。其次，企业与客户之间的互动也变得尤为重要。企业需要借助各种数字渠道，如社交媒体、移动应用、在线社区等，与客户保持密切的互动和交流。通过这些渠道，企业可以深入了解客户的真实需求和反馈，从而提供更加个性化的产品和服务。除了与供应商和客户的紧密合作外，企业在数字化的生态系统中还需要与竞争对手保持一种既合作又竞争的关系。在传统的商业模式下，竞争对手之间往往是零和博弈的关系，但在数字化转型的背景下，这种关系正在发生变化。通过共享资源、技术和市场机会等方式，企业之间可以实现共赢发展，而随着数据量的不断增加和数据流动的加速，数据的安全和隐私保护变得越来越重要，因而在构建数字化的生态系统过程中，企业还需要关注数据的安全和隐私保护问题。

整体来看，数字化转型正逐渐推动企业从孤立的个体走向数字化的生态系统。通过与供应商、客户和竞争对手等各方建立紧密的合作机制，企业可以实现更高效的价值链整合和市场响应，提高整体竞争力。然而，企业也需要在此过程中更加关注数据的安全和隐私保护问题，确保数字化转型的可持续性和稳健性。

二、运营性数字化转型

（一）流程自动化与优化

运营性数字化转型的核心就是实现流程自动化与优化。随着技术的发展，越来越多的重复性、烦琐任务可以通过自动化技术来完成，从而提高工作效率并减少人为错误。

自动化技术的引入，使得原本需要大量人力投入的重复性、烦琐任务得到了根本性的改变。机器人流程自动化（Robotic Process Automation，RPA）技术的崛起，为企业带来了前所未有的便利。这种技术能够模拟人类在计算机上执行的操作，从而自动化处理一系列常规任务。原本需要员工手动录入的发票信息、订单数据，现在都可以由 RPA 机器人准确无误地完成。这不仅大大提高了工作效率，更降低了人为错误率，为企业节省了大量成本。数字技术对业务流程的优化，像是给企业运营加上了"润滑剂"。通过采用工作流管理系统，企业可以实时监控任务的进度，确保每一个环节都按照既定的流程高效执行。这种优化带来的好处是显而易见的：运营效率得到了显著提升，企业对市场变化的响应也变得更为迅速和灵活。

流程自动化与优化是一项长期的工作，企业需要根据自身的实际情况，逐步推进这一进程。从识别并优化关键流程开始，到逐步引入自动化技术，再到全面监控和管理业务流程，每一步都需要精心规划和实施。在这一过程中，员工的角色也发生了转变。他们从烦琐的重复性工作中解放出来，有更多的时间和精力去处理更复杂、更具创造性的任务。这种转变不仅提升了员工的工作满意度和成就感，也为企业培养了一支更具创新力和执行力的团队。

（二）数据驱动的决策

数据驱动的决策是运营性数字化转型的另一个关键组成部分。如今企业置身于一个数据丰富的环境，每一天都有海量的运营数据、客户数据以及市场数据被收集与存储。这些数据，不仅仅是数字，它们蕴含着市场的脉动、客户的需求以及企业运营的真实状况。利用先进的数据分析和可视化工具，企业现在能够以前所未有的清晰度洞察市场趋势。这些工具如同企业的"智慧之眼"，帮助企业从上帝视角看清市场的起伏波动，预见潜在的机会与挑战。而对客户数据的深入挖掘，则像是打开了一扇通往客户心灵的窗户，让企业能够更为精准地理解客户的需求与期望，从而为其量身定制更加贴心的产品或服务。

数据驱动决策的应用场景广泛且深入。以零售企业为例，过去，库存管理往往依赖于经验和直觉，而现在，通过深入分析销售数据，企业可以精确预测各商品的销售趋势，进而优化库存结构，既避免了因缺货而导致的销售损失，也减少了库存积压带来的成本负担。这种基于数据的精准决策，使得零售企业在激烈的市场竞争中保持灵活和高效。同样，在制造业中，数据驱动的决策也展现出了巨大的潜力。在产品开发初期，设计师可以通过深入分析用户数据，更加精准地理解消费者的喜好和需求，从而指导产品设计的方向和细节。数字洞察技术的应用，使得设计师能够以前所未有的清晰度洞察市场趋势和消费者行为，为产品创新提供有力支持。而在生产过程中，基于数据的反馈机制，通过实时监测生产线的各项数据，企业还可以迅速识别生产过程中的瓶颈和问题，及时调整生产策略，确保产品质量和生产效率达到最优。这种以数据为核心的决策方式，不仅提高了制造业的响应速度和灵活性，还为企业带来了显著的成本节约和效益提升。

数据驱动的决策，不仅提升了决策过程的准确性和效率，更是赋予了企业一种实时反馈和持续改进的能力。当数据揭示出某个环节存在问题时，企业能够迅速作出反应，调整策略，优化流程。这种基于数据的持续改进文化，正成为推动企业不断前行的强大动力。

（三）客户体验提升

在数字化转型的背景下，提升客户体验成为企业运营的重要目标，而数字技术的迅猛发展又为企业提供了更多了解和满足客户需求的工具。客户关系管理（Customer Relationship Management，CRM）系统的引入，使得企业能够系统地追踪和分析客户的购买历史、偏好以及反馈。基于这些数据，企业不仅可以为客户提供更为精准的产品推荐，还能设计出更符合客户期望的营销活动。这种个性化的服务策略，让客户感受到了企业的关心和尊重，从而加深了与企业的情感联系。除了个性化服务外，企业还在数字技术的帮助下，对客户服务流程进行了全面的优化。如今，客户不再需要因为一个小问题而长时间等待人工客服的回应，而是可以通过在线客服系统、自助服务门户或智能语音应答系统，迅速找到解决问题的方法。这些便捷、高效的自助服务选项，不仅提升了客户服务的响应速度，还大大降低了企业的运营成本。

数字化转型还使得企业与客户之间的互动方式也变得更为丰富和有趣，企业可以利用社交媒体、移动应用等平台，与客户进行实时的互动和交流，收集他们的反馈和建议。这种双向的沟通模式，不仅让企业更加了解客户的需求和期望，还为客户提供了参与产品设计和改进的机会，从而进一步增强了客户对企业的认同感和归属感。

三、技术性数字化转型

（一）云计算和边缘计算的应用

技术性数字化转型正深刻改变着企业的 IT 架构和运营模式，其中云计算和边缘计算的应用显得尤为重要。这两者不仅是技术进步的产物，更是推动企业数字化转型的关键力量。

随着企业面对的数据量急剧增加和业务需求日趋复杂，传统的本地数据中心暴露出扩展性不足和成本过高等问题。云计算技术的兴起提供了一种创新的解决方案，使企业能够根据需要灵活获取计算资源，而无须在前期进行大规模的硬件投资。这一转变不仅大幅降低了企业的 IT 开支，也极大增强了业务运作的灵活性和响应速度。云计算的主要优势在于其弹性扩展能力和按需付费模式，这使企业能够在业务高峰期迅速增加资源以满足增长的需求，又能在需求减少时相应地减少资源使用并优化成本效益。此外，云计算服务提供商通常还会提供一系列的安全措施和数据备份服务，确保企业数据的安全性和可靠性。

边缘计算则是云计算的一个重要补充，它将数据处理和分析的功能扩展到了网络的边缘，也就是设备或用户终端。这一技术的出现，主要是为了解决云计算在处理实时数据和高带宽应用时的局限性。通过在网络边缘进行数据处理，边缘计算显著降低了数据传输的延迟，增强了处理的即时性，对于那些需要快速反应的应用场景如自动驾驶、智能制造和实时视频监控等来说，这尤为关键。在这些场景中，任何微小的延迟都可能导致严重的后果。边缘计算不仅提升了系统的整体性能，还确保了关键操作的及时性。边缘计算通过将部分计算任务下发到边缘设备，减轻了云计算中心的数据处理压力，可以有效缓解云中心的负载，从而提升了整个系统的稳定性和响应速度。

（二）人工智能与机器学习的集成

人工智能（Artificial Intelligence，AI）和机器学习（Machine Learning，ML）技术的应用是技术性数字化转型的另一个关键环节。这些前沿技术的融合使企业能够实现更高级别的自动化和智能化，显著提升了企业的创新能力及市场竞争力。

具体而言，机器学习算法通过分析大量的历史数据，能够提取出有价值的洞察，并通过持续学习与优化，精准地预测未来的发展趋势和行为模式。这种基于数据的预测能力，对企业决策的制定具有指导意义。以库存管理为例，机器学习模型能够帮助企业准确地预测产品需求的变化，进而优化库存结构，减少库存过剩或缺货的现象，提高企业的运营效率及顾客满意度。此外，人工智能技术在客户服务、产品推荐及安全监控等多个领域同样显示出其强大的应用潜力。在客户服务方面，AI聊天机器人和虚拟助手能够提供全天候的在线支持，快速响应并解决客户问题，极大地提升了服务效率和质量。在产品推荐上，AI推荐系统可以根据用户的喜好和行为数据，提供个性化的产品和服务，从而提升企业的销售额和顾客满意度。而在安全监控方面，AI技术能实时监控企业的网络和数据系统，及时发现并应对潜在的安全威胁，确保企业信息安全。

通过这些例证不难看出，人工智能和机器学习技术不仅增强了企业的核心竞争力，也为企业提供了在各领域中保持领先的必要工具。

（三）物联网的集成与应用

物联网（Internet of Things，IoT）技术的集成与应用也是技术性数字化转型的重要组成部分。物联网技术通过将无数设备和传感器与互联网紧密相连，构建了一个庞大而智能的网络系统，为企业带来了前所未有的数据收集与分析能力。借助物联网，企业现在能够实时地捕获和处理来自各种设备和传感器的数据，这些数据涵盖了从设备运行状态、环境温度湿度，到生产流程中的多个关键环节等多种信息。这种实时数据的获取，使企业能够以前所未有的清晰度洞察其业务流程和运营状况。

以制造业为例，物联网技术的引入彻底改变了传统的生产方式。在生产线上，通过在生产线上部署众多传感器，企业能够实时监测设备运行状态和生产环境的微小变化，包括产品质量的每一个细节。一旦检测到某个环节存在问题或异常，系统会自动发出警报并通知相关人员及时处理，这样不仅确保了生产流程的连续性和高效，还保障了产品质量，同时减少了由设备故障或操作错误引起的损失。在物流和供应链管理领域，物联网技术同样展现出了显著的优势。利用智能标签和 GPS 追踪技术，企业可以实时掌握货物的具体位置和状态，确保货物能按时安全地到达目的地。这种高精度的货物追踪与管理不仅提高了物流效率，也大幅降低了货物丢失或损坏的风险。

物联网技术的应用远不止于此，而是正在农业、医疗、智能家居等多个行业中扮演着越来越重要的角色。随着技术的不断进步和物联网设备的普及，物联网在企业数字化转型中的重要性将进一步增强。这项技术不仅促进了业务流程的优化，还提高了整个行业的响应速度和服务质量，预示着未来各行各业更广泛的应用前景。

（四）其他关键技术

随着企业深入推进数字化转型，区块链技术和数字孪生技术等新兴技术也开始展现其关键作用。这些技术极大提升了企业的运营效率和质量，也为企业的持续发展和创新活动提供了强有力的支持。随着技术的不断进步和应用领域的扩展，它们在企业数字化转型过程中的重要性还将进一步提升。

区块链技术通过其去中心化和加密的数据库特性，增强了企业数据的安全性和信任度，改善了信息流的管理和交易的可靠性，使企业能够在全球范围内更有效地协作和交易。它利用链式数据结构和加密技术确保数据的不可篡改性和透明度，一旦数据被录入，便无法被更改或删除，从而保障了数据的真实性和完整性。此外，区块链技术支持智能合约，这一功能为企业间的合作开辟了新的路径。智能合约是自动执行的合同，当预定条件得到满足时，相应的操作便会自动执行。这极大简化了企业合作流程，降低了合作成本，提高了效率。通过智能合约，企业能够在无须第三方干预的情况下自动化地处理业务，从而提高运营效率和竞争力。

与此同时，数字孪生技术在企业数字化转型中也扮演着重要角色。数字孪生通过创建物理实体的虚拟副本，使得企业能在虚拟环境中模拟和优化实际系统。利用数字孪生技术，企业就能在不影响实际操作的条件下测试不同方案，以寻找最优的解决策略。目前，数字孪生技术已被广泛应用于产品设计、生产流程优化、预测和预防潜在问题等多个方面，显著提升了产品和服务的质量与效率。在设计中，数字孪生可以模拟产品的各种设计方案，评估其性能和可行性，从而在设计阶段就预测和避免潜在的问题，大幅缩短产品开发周期并提高设计质量；在制造业中，数字孪生可以帮助企业优化生产线布局、提高生产效率，并降低生产成本；而在城市规划中，数字孪生可以模拟城市的发展趋势和人口流动情况，为城市规划者提供科学的决策依据。

第三节 企业数字化转型路径

一、新质生产力与数字化转型的深度融合

（一）积极进行战略转型

在当前的数字化时代，企业要想持续发展并保持竞争优势，就必须

将数字化转型与新质生产力深度融合，实现战略层面的全面升级。新质生产力代表着未来产业发展的方向，它要求企业摒弃传统的生产方式和商业模式，以更加开放、灵活、智能的姿态迎接挑战。数字化转型则为企业提供了实现这一目标的重要路径。数字化转型不仅仅是技术层面的升级，更是一场深刻的企业变革，需要从战略高度进行规划和执行。通过数字化技术的引入和应用，企业可以重塑业务流程，优化生产结构，提升运营效率，从而实现从传统生产力向新质生产力的跨越。

首先，企业需要明确自身的数字化转型战略及当前的数字化能力水平。这需要对企业的业务流程、市场需求、技术趋势等进行深入分析，从而确定数字化转型的目标和方向。其次，企业可以进行有针对性的改进与优化，以提升自身的数字化能力。最后，企业应根据自身的战略定位和资源实力，选择最合适的数字化转型方案。

对于采用积极战略且资源实力较强的企业，它们应以数字化转型战略为指引，深度融合数字化能力于服务与产品的交互中。这意味着企业需要通过大数据的挖掘和利用，实现对数字化转型过程的精细管理和高效协调，从而推动新质生产力的快速发展。例如，可以利用数据分析来优化产品设计、提高生产效率、进行精准营销等，从而提升企业的整体竞争力。

对于那些采取积极战略但资源有限的企业，即使它们的数字化能力暂显不足，难以快速响应用户需求，它们仍可以通过专注于低门槛的基础数字化转型来突破限制。这类企业可以优先考虑资源消耗较低的服务数字化，例如通过线上平台提供咨询、售后服务等。同时要积极提升自身实力，通过采购新技术、开展研发活动来提升技术水平，还可以通过租赁等方式建立数字基础设施，以降低初期投资。

对于那些具备较强数字化能力但采用保守战略的企业，它们可以利用现有的数字优势来增值现有产品和服务。这类企业通过积极利用收集的大数据进行分析，可以在现有业务范围内进行数字化创新，逐步扩展到更广泛的业务领域，保持在市场变动中的灵活性和应变能力。

而对于那些采取保守战略且数字化能力较弱的企业，推进数字化转型是一项紧迫而艰巨的任务。这类企业需要将数字化转型提升为战略重点，加大投资，引进先进技术和管理经验，并强化内部的沟通与协作，确保转型策略的有效实施。

新质生产力代表着一种全新的价值创造体系和生产方式，它与数字化转型的深度融合，正推动着企业向更高效、更智能、更柔性的方向发展。在这一过程中，企业需展现出前瞻性的战略视角和持续的创新精神，不断调整自身的业务模式和战略布局，以适应持续变化的产业环境。

（二）加大对数字资产投入

在数字化转型的道路上，数字资产已经成为企业核心竞争力的关键要素。企业应充分认识到数字资产的重要性，并加大对数字资产的投入，从而强化数字基础设施建设，并大力提升数字化人才的培养能力。这不仅是当前市场和技术发展的必然要求，更是为了在未来的激烈竞争中占据一席之地。

企业管理层需要深刻认识到数字资产在推动企业创新和发展中的关键作用。因此，除了引进先进的数字化设备和技术，还应着重吸纳和培养数字化专业人才。企业应构建一个完善的人才管理体系，通过激发员工的潜力和创造力，有效提高数字资产的管理效能。在实际操作中，企业应根据业务需求和发展战略合理配置数字化设备，如模块化生产组件、信息交互、产品数据化、监控以及人机交互和机机交互设备等，以革新数据处理和应用方式，进而提升运营效率和创新能力。同时，为了加强企业内外部数字化资源的协同水平，协同理念的实施至关重要。通过建立有效的沟通机制和协作平台，实现信息的实时共享和资源的优化配置，从而更好地应对市场变化和多样性的客户需求。为避免数字资产的浪费和重复建设，企业还应在内部推动数字资产的共享与整合。通过建立集中的数字资产管理平台，制定合理的使用规则和流程，确保有限的数字资产能够发挥最大效用，推动企业整体发展。

（三）设计数字化平台

企业可以通过构建数字化平台，来显著增强其管理信息化、研发数字化以及制造智能化的综合实力。这一综合性平台不仅能将产品的设计、生产、销售、交付以及售后服务等核心业务流程紧密相连，还能确保全流程的数字化监控与管理。

在管理层面，数字化平台的引入为企业带来了前所未有的便捷与高效。在管理层面的数字化平台设计中，企业首先应当着力构建一个集成的、智能的、灵活的管理系统。该系统的核心通常是企业资源管理系统（ERP），它不仅要能支持日常的运营管理，还应与财务管理系统相连通，以确保数据的准确性和一致性。ERP 系统应覆盖企业的所有业务领域，包括采购、销售、库存、生产计划和财务管理等；管理平台应具备强大的数据分析能力，通过深入挖掘和分析各项业务数据，帮助企业识别运营中的挑战和机遇；为提高企业整体的工作效率，平台应实现高度自动化，减少人工干预；而考虑到市场环境的不断变化，该平台还需要保证其灵活性和可扩展性，通过柔性地与其他系统集成，形成一个完整的企业信息化解决方案。通过上述这些功能，数字化的管理平台就能为企业提供全面、高效且智能的管理支持，并帮助其提升运营效率和业绩表现。

在研发层面，数字化平台为企业提供了一个集成产品信息库的环境，使得研发团队能够在产品设计过程中实现信息的全面共享。这种信息共享机制不仅加快了设计迭代的速度，确保了团队成员之间的无缝协作，还显著提升了设计的整体质量和创新性。研发层面的数字化平台绝非简单的工具应用，而是旨在通过信息技术的深度应用，实现产品设计的高效迭代、创新性的提升以及设计质量的飞跃。首先，数字化平台为研发团队提供了一个集中存储、检索和管理产品设计信息的环境。通过建立一个全面、细致的产品信息库，企业能够系统地整理和归档历史设计数据、测试结果、用户反馈等关键信息。在这个信息库的基础上，数字化平台还可以进一步引入先进的设计工具和技术，如三维 CAD 建模、有限元分析、流体力学仿真等，使得设计师能够在虚拟环境中进行精确的产品设计和性能验证，提高设计的精确性和可靠性，缩短产品开发周期；此外，数字化平台还支持多部门、多团队的协同设计。通过平台提供的版本控制、权限管理等功能，不同部门的设计师可以在同一个项目上进行无缝协作，实时共享设计数据和进度信息，提升团队间的沟通效率，确保设计的一致性和准确性。其次，除了内部协作，协同开发的数字化平台还能促进企业与外部资源的有效连接。例如，通过与供应商、客户等利益相关方的数据共享，企业可以更加精准地把握市场需求，及时调整产品设计方向。同时，通过与科研院所、高校等机构的合作，企业就能获取到最新的科研成果和创新技术，从而不断提升自身的设计能力和创新水平；在安全性方面，数字化平台也应作充分的考虑，可以通过采用先进的加密技术和严格的访问控制机制，确保设计数据的安全性和保密性。即使在多人协作的环境下，也能有效防止数据泄露和非法访问。值得一提的是，数字化平台还应具备强大的数据分析和挖掘能力。通过对设计过程中产生的大量数据进行深度分析，企业可以发现隐藏在数据中的规律和趋势，为未来的设计工作提供有力的数据支持。

在制造层面，数字化平台的引入为智能制造带来了革命性的变革。引入先进的数据采集和控制系统，这些系统能够与生产设备进行联网，确保设备状态、生产数据等信息的实时传递。通过精准的数据采集，企业可以详细了解每台设备的运行状态、生产效率以及可能存在的问题。实时的在线监测功能使得生产过程中出现的任何异常都能被及时发现并处理，从而避免生产事故的发生，保障生产线的稳定运行；此外，高效的远程控制功能使得企业可以对生产设备进行远程操控，无论是在设备调试、故障排除还是生产优化方面，都提供了极大的便利。这不仅提高了生产效率，还降低了人工成本，因为许多操作可以远程完成，无须技术人员亲临现场。制造层面的数字化平台还可以整合生产计划和物料管理模块。通过智能排程系统，企业可以根据订单和生产计划，自动生成生产排程，确保生产按照最优顺序进行。同时，物料管理系统可以实时监控库存状况，及时补充所需物料，避免因物料短缺而导致的生产中断。制造层面的数字化平台还可以提供强大的数据分析功能，对生产过程中产生的数据进行深入挖掘和分析，帮助企业发现生产过程中的瓶颈和问题，为生产优化提供有力支持。通过这些功能的设计与实施，制造层面的数字化平台能够显著提升智能制造企业的生产效率、质量稳定性和成本控制能力。

综上所述，数字化平台为智能制造企业提供了全方位、多维度的管理、研发和制造支持。通过这一平台，企业不仅能够实现业务流程的全面优化，还能在激烈的市场竞争中保持领先地位，持续推动创新和发展。

二、提升组织创新能力

（一）顺应数字化转型潮流，进行组织创新

提升组织创新能力，为企业的创新绩效注入新的活力，是当前企业发展中不可或缺的一环。尤其在数字化转型的大背景下，企业更应顺应这一潮流，积极进行组织创新，以适应日益复杂多变的市场环境。新质生产力的发展离不开创新思维的引领和创新实践的推动。企业要加强新知识的学习，掌握技术的进步、市场结构的变化和制度的变化，这不仅是企业生存的环境，也是企业需要学习的新知识。要在更高的层次上加强组织成员思维方式的转变，将员工的个人目标和组织目标融为一体，打破以组织成员为中心的传统组织目标。

在企业的发展过程中，积累的经验构成了其稳定成长的基石。企业可以依托这些经验进行渐进式创新并不断优化其运营模式和管理体系。然而，面对不断变化的外部环境和新的挑战，企业需要意识到过去成功的模式可能不再适用于当前或未来的需求。因此，在吸取历史经验的同时，企业必须保持敏锐的洞察力和清醒的认识，避免陷入教条主义。这就要求企业不仅要深入理解自身的历史经验，还应密切关注外部环境的变化，如技术进步、市场结构的调整及制度体系的改革等。通过这种方式，企业能够更好地适应环境变化，采取更为灵活和创新的策略来应对未来的挑战。维持这种敏捷和适应性是企业可持续发展的关键，同时也是其在竞争激烈的市场中保持领先地位的必要条件。

为了提升新知识的学习和吸收，企业还应建立一套完善的学习机制，鼓励成员们积极关注外部环境的变化，并将这些变化融入到企业的持续学习中。此外，企业应促进组织成员的思维方式的转变，帮助员工将个人目标与组织目标紧密结合，从而打破以组织成员为中心的传统组织观念，实现个人与组织的共同发展。

在数字化转型的背景下，企业必须努力调整自身的组织结构，以适应快速变化的市场需求。具体而言，企业应缩减管理层级，构建更加扁

平化的组织结构。通过减少信息流通的时间和增加信息流通的渠道，实现信息的纵向、横向以及交叉流动，从而提高组织的反应速度和决策效率；应充分利用信息和通信技术的最新成果，为内部的信息交流提供广阔的平台；同时，还可以借助数字化转型的契机，重新构建企业文化网络，使创新成为企业发展的核心驱动力。

（二）激励机制与动力机制协同创新

创新机制涵盖了激励机制和动力机制两大核心组成部分。企业的激励机制对于推动创新活动的顺利进行至关重要，企业需不断创新激励策略，包括提供多元化的激励资源，有效地激发员工的积极性和创造力；通过建立健全激励制度，明确指引规范员工的行为方向和强度。新型的企业激励机制在本质上超越了传统的激励模式，它更具针对性和深度，旨在从多个层面提升员工的动力，这是激励和引导因素的提高。值得注意的是，激励资源不仅是物质的，还应关注员工的精神和情感的需求。企业的创新激励机制既包括积极激励，也包括消极激励，这两种并行的激励方式有效地促进了企业创新的发展。

在实施激励机制的路径上，企业需要采取一系列细致入微的措施。首先，要对员工的个性化需求进行深入的了解和研究，这要求企业进行定期的员工调研，获取员工对激励机制的期望和建议，这些调研中可以采取问卷调查、小组讨论和一对一访谈等多种形式，以全面了解员工的真实想法和需求；企业应根据调研结果制订多元化的激励策略，除了传统的薪酬福利，还可以考虑提供职业发展机会、专业技能培训、灵活的工作时间等非物质性的激励。这些激励能够更好地满足员工的精神和情感需求，从而提升他们的工作满意度和忠诚度；建立公开透明的绩效评价体系也是关键。该体系能让员工清楚地了解自己的绩效如何被评估，以及这些评估结果如何与激励机制相挂钩。这不仅能增强员工的信任感，也有助于他们明确工作目标和方向；此外，定期的反馈和沟通机制也是激励机制中不可或缺的一环。企业应定期组织员工大会、部门会议等，让员工有机会表达自己的观点和感受，同时也让管理层能够及时了解员工的动态和需求，从而对激励机制进行适时的调整和优化。

企业动力机制则是一股内生力量，而非外部激励，是企业实现利润目标的内部创新力。动力机制的创新对于提高工作效率、加速创新进程具有显著效果。一般来说，由于这种创新源于企业内部，因而其执行效率和效果往往优于外部驱动的创新。为了进一步强化这种内部驱动力，企业应积极培育以创新为核心的企业文化，让员工在工作中找到归属感和成就感，从而汇聚成一股强大的创新动力。不仅如此，对利润和市场份额的追求也是推动企业持续创新的重要因素，促使企业在激烈的市场竞争中不断磨砺和完善其创新机制。

首先，从新员工入职培训开始，就要强调创新的重要性和企业对创新的渴望。在日常工作中，管理者要鼓励员工提出新的想法和建议，并给予足够的支持和资源去实现这些想法。当员工看到自己的想法能够得到重视并实现，他们的创新动力自然会得到提升。其次，建立跨部门的创新团队或项目小组，让员工有机会与不同背景、不同专业领域的同事合作，这种交叉合作往往能够激发出新的创新火花。同时，企业也可以定期举办创新大赛或创新研讨会等活动，为员工提供一个展示和交流的平台。最后，对于在创新中作出突出贡献的员工或团队，企业要给予及时的认可和奖励。这种奖励可以是物质的，也可以是精神的，如晋升机会、特别奖金、公司内部的荣誉称号等。通过这些方式，企业不仅可以激发员工的创新动力，还能够培养一种积极向上的企业文化，从而推动企业在创新中不断发展和进步。

三、灵活应对市场竞争

制造企业要灵活应对产品市场竞争的影响，不仅需要趋利避害的策略，更需要深刻理解市场竞争的双刃剑特性。管理层需具备前瞻性思维，全面审视市场竞争的利弊，为企业未来发展谋划周全。在明确产品市场竞争强度的同时，更应敏锐捕捉市场的微妙变化，以便迅速响应。当市场竞争强度较低时，制造企业应敏锐地抓住这一黄金时期，大力推动创新质量的提升。通过积累资金、激励研发人员，可以为企业打造强大的创新引擎，从而在市场竞争中占据有利地位；而当市场竞争变得异常激烈时，企业必须结合自身实际，巧妙运用积累的创新资源，以匠心独运的创新产品和服务来稳固市场地位。

在积极参与市场竞争的过程中，企业需要不断寻找创新的动力。通过密切关注并理解消费者需求的变化，企业可以不断优化其产品和服务，以满足消费者期望并在竞争中脱颖而出。制造企业还可以巧妙地将创意经济的理念融入产品和服务的开发中，通过提供独特且个性化的产品来应对消费者需求的多样化。此外，技术创新是企业提升市场竞争力的关键，借助市场竞争的催化作用，企业应勇于突破技术壁垒，开发出引领市场的创新产品。新质生产力的发展需要整个产业链的协同创新和共同发展，为了进一步提升创新能力，拓展战略合作伙伴关系也显得尤为重要，通过与行业佼佼者建立深度合作，企业可以汲取他人的智慧与经验，为自身的创新发展注入新的活力。同时，与技术领先企业的合作，更是能够助力企业在创意经济的浪潮中乘风破浪，开发出更具市场竞争力的创新产品和服务，从而在激烈的市场竞争中立于不败之地。

技术创新是企业提升竞争力的核心，而新质生产力的发展为企业创新提供了新的契机。企业应积极探索与新技术、新业态的融合，利用云计算、大数据、人工智能等技术手段，提升产品研发、生产制造的智能化水平，以适应新型工业化的发展趋势。新质生产力与数字化转型的深度融合，可以使企业能够在激烈的市场竞争中保持领先，实现可持续的高质量发展。

四、社会责任

在数字化转型过程中，企业必须认清其所承担的社会责任，并通过积极参与社会治理，实现经济效益与社会效益的双赢。随着企业越来越依赖数字技术来提升效率和创新能力，他们也必须意识到这一过程对环境产生的影响。因此，企业在推动经济发展的同时，应优先采用环保且低碳的技术解决方案，以降低能源消耗和减少环境污染。数字技术为企业提供了便捷的环境监测和管理工具，使其能够更好地履行环保责任，为可持续发展贡献力量。这种技术的运用不仅有助于优化企业的运营效率，同时也强化了企业在社会责任方面的表现，从而增强了公众对企业的信任和支持。

与此同时，随着数字化转型的推进，数据安全和隐私保护问题日益凸显。在享受数字化带来的便利时，公众对于个人数据安全的担忧也在不断加深。这就要求企业在处理用户数据时，必须建立起严密的数据保护机制，确保数据的安全性和隐私性不受侵犯。透明、公开的数据处理政策不仅能够增强用户的信任，也是企业社会责任的重要体现。

企业除了关注环境保护和数据安全之外，还应深化其在社会责任方面的承诺。企业可以利用数字技术推动社会公益事业的发展，如远程教育或电子医疗，这不仅是企业回馈社会的有效方式，也是提升企业公共形象的重要途径。企业应积极参与社会治理，与政府、社区及其他组织合作，共同推动智慧城市和公共安全等领域的数字化建设。

在数字化转型的道路上，企业必须始终坚持合规经营和遵守道德规范，严格遵守国家的法律法规是企业稳定发展的基础。企业需要建立并维护一套道德规范，防止技术的滥用，并时刻确保技术应用的正当性和道德性。只有这样，企业才能在数字化转型的浪潮中立于不败之地，并为社会的可持续发展作出更大贡献。

五、智能制造企业的数字化转型体系

智能制造企业的数字化转型体系是一个多维度、高度集成，同时融合了先进技术与管理理念的复杂系统，其深度与广度远超传统制造业的转型。该体系不仅关注单一环节或流程的优化，而是从客户解决方案体系、运营体系、技术体系和人才体系多个角度出发，实现全方位、深层次的变革。

（一）客户解决方案体系

智能制造企业的客户解决方案体系是其数字化转型的核心组成部分。这一体系秉承以客户为中心的原则，将客户需求置于首位，致力于深入理解并满足这些需求，通过提供个性化和定制化的产品与服务来增强顾客满意度。在此过程中，企业可以利用大数据、人工智能等先进技术进行需求分析，从而提出更符合客户期待的解决方案。此外，这一体系还专注于产品功能的增强和物流流程的优化，通过不断研发创新功能和技术，企业就能不断优化产品性能和提升用户体验，同时通过优化物流网络来提高配送效率，确保产品和服务能够迅速且准确地到达用户手中。

为了实现上述目标，企业需要整合内部各部门资源，并积极与外部企业合作。通过与产业链上下游的合作伙伴整合资源，企业就能为客户提供更全面、一站式的解决方案，从而创造更大的市场价值。这种策略不仅加强了企业在市场中的竞争力，也为客户提供了更加优质和高效的服务体验，进一步强化了企业的市场地位和客户忠诚度。

（二）运营体系

运营体系是企业数字化转型的重要支撑，而智能制造企业数字化转型的运营体系重点就在于"智能"二字。该体系涵盖产品研发、规划、采购、生产、仓储、物流和服务等全流程，通过引入先进的自动化和人工智能技术，企业能够实现各个流程的自动化、信息化和智能化。

在产品研发方面，智能制造企业可以借助先进的仿真技术、大数据分析等工具，能够更快速、更精准地进行产品创新和技术迭代，以满足市场的不断变化；在规划环节，可以利用数字化工具和平台，实时分析市场需求和客户反馈，动态调整生产计划和销售策略，以实现供需的高效匹配；采购过程中，智能制造企业可以通过建立数字化供应链管理系统，与全球优质供应商建立紧密连接，实时监控原材料质量和供应情况，确保生产线的持续稳定运行；进入生产、仓储和物流环节，通过使用高度自动化的生产线和智能仓储物流系统，可以大大降低人为干预，提高生产效率和配送的准确性；此外，服务也是运营体系中不可或缺的一部分。智能制造企业通过数字化客户服务平台，建立完善的客户服务体系，能够快速响应客户的各种需求、提供个性化的技术支持和售后服务，提升客户满意度和忠诚度。

（三）技术体系

数字化转型的技术体系往往涉及 IT 架构的搭建、IT 接口的整合以及前沿数字技术的应用。智能制造企业数字化转型的技术体系则深度融合了先进的 IT 技术与制造技术，以工业物联网为基础，深度融合 IT 与制造技术，充分利用云计算、大数据、人工智能等前沿技术，注重网络安全和信息安全，以及与其他系统的集成与协同，从而实现传统制造向智能制造的跨越。这一体系构成了智能制造企业数字化转型的技术基石，推动着客户解决方案体系、运营体系和人才体系的不断改进与突破。

智能制造企业的技术体系以工业物联网（IIoT）为基础，通过高性能传感器、执行器和网络设备的广泛应用，实现了设备间的互联互通。这些传感器和执行器能够实时采集生产现场的数据，并通过网络传输到中央控制系统，为实时监控、预测性维护和优化生产提供了强大的数据支持；该技术体系还充分利用了云计算、大数据分析和人工智能等前沿技术。云计算为企业提供了弹性、可扩展的计算资源，使得企业能够处理海量的生产数据。大数据分析则帮助企业从这些数据中挖掘出有价值的信息，为决策提供支持。而人工智能技术则进一步提升了智能制造的自动化和智能化水平，例如在质量检测、生产调度、故障诊断等方面发挥着重要作用；在智能制造的数字化转型中，数字孪生技术也扮演着关键角色。数字孪生是物理产品的虚拟副本，可以模拟产品在真实环境中的性能和状态。通过数字孪生技术，企业可以在产品设计阶段就预测其性能，优化生产流程，减少物理试验和原型制作的成本和时间；此外，智能制造企业的技术体系还强调网络安全和信息安全。随着智能制造的推进，越来越多的设备连接到网络中，数据安全问题也日益突出。因此，企业需要建立完善的网络安全防护体系，确保智能制造过程中的数据安全和信息安全。

智能制造企业的数字化转型技术体系注重与其他系统的集成与协同，是多种技术的综合集成。因此，企业需要确保技术体系能够与现有的 ERP、MES、SCM 等系统无缝对接，实现数据的共享和业务的协同。

（四）人才体系

智能制造企业的人才体系，不仅是数字化转型的推动力，也是企业持续创新和发展的源泉。该体系涵盖企业能力和企业文化，涉及技能、思维模式、行为方式等多个维度。为有效推进数字化转型，企业需培养具备数字技能与数字思维的人才，并努力营造一个开放和创新的企业文化环境。

为构建完善的人才体系，智能制造企业需清晰界定数字化人才的需求与标准，包括具备数字化技术能力的人才，如数据分析师、软件工程师等，以及具备数字化思维和管理能力的人才，如产品经理、项目经理等。企业可以通过招聘、培训和激励等多种手段吸引并留住这些关键人才。

在人才培养方面，智能制造企业应注重提升员工的数字技能和整体素质。这可以通过定期进行的技能培训、实践项目以及与行业专家的交流合作等方式实现。企业还应鼓励员工的自主学习和创新，提供必要的资源支持，激发他们的创造力和潜能。智能制造企业需塑造一个鼓励尝试和创新的企业文化，为员工提供广阔的成长空间，这种文化应该鼓励员工勇于尝试、敢于创新，并通过薪酬、晋升机会和职业发展等措施建立有效的激励机制，进一步激发员工的工作热情和创新动力。然而，要构建一个强大的数字化团队，仅靠内部培养是远远不够的，还需通过校园招聘、社会招聘和内部推荐等多种渠道持续地引进优秀的数字化人才。此外，企业还可以与高校、科研机构建立长期合作，共同培养数字化人才。

智能制造企业的数字化转型是一个全方位、多层次的过程，它不仅要求企业构建完善的人才体系和文化氛围，充分利用先进的智能制造设备、信息化技术和系统集成方法，更是与新质生产力的发展紧密相连。新质生产力的发展，以创新为核心，强调高效、绿色、可持续的进步，为智能制造企业提供了持续的动力和支持。通过融合这些新理念和技术，企业能够提高生产效率、优化资源配置、降低运营成本，确保在市场竞争中的领先地位，并实现可持续的高质量发展。

第四节 政策建议

在当今全球化和信息化的时代背景下，数字化转型与新质生产力的融合已成为推动中国企业高质量发展的关键力量。这种融合不仅是技术和生产方式的革新，更是一种全新的经济发展理念和产业变革趋势。通过深入研究这一融合过程，可以发现其为我国企业发展带来的深远影响和巨大潜力，同时也能为政府政策制定提供新的视角和思考。

数字化转型与新质生产力的融合，本质上是一种创新驱动的发展模式。它借助先进的信息技术，如大数据、云计算、人工智能等，对传统生产方式进行深度改造，实现生产过程的智能化、自动化和高效化。这种融合打破了传统生产要素的束缚，以数据为核心，重新定义了生产力和生产关系，从而为我国企业提供了转型升级的新路径。从学术角度来看，数字化转型与新质生产力的融合体现了技术与经济的深度融合。它不仅改变了企业的生产方式，更在商业模式、组织结构和管理理念等方面引发了深刻的变革。这种融合推动了企业从线性生产模式向网络化、平台化生产模式的转变，实现了价值创造方式的根本性变革。

一、顶层设计与战略规划

在对数字化转型与新质生产力的融合发展研究中，笔者观察到，尽管众多企业已经深刻认识到数字化转型对于提升竞争力的关键作用，并积极地投身于这一变革之中，但这一进程中依然存在着诸多问题和挑战。

技术应用的不均衡性是当前最为显著的问题之一。大型企业凭借其雄厚的资源和技术储备，在数字化转型中走得更快更远，而众多中小企业则因资源有限、技术能力不足而显得步履维艰。这种不均衡不仅加剧了企业间的发展差距，也可能对整个产业链的协同效应产生负面影响。同时，随着数字化转型的深入推进，数据安全和隐私保护问题愈发凸显。在信息化、网络化的今天，如何确保企业核心数据和用户隐私不被泄露、滥用，已成为每个企业必须面对和解决的重要课题。这无疑增加了企业的运营成本和风险防控难度。跨部门、跨行业的协同合作也是数字化转型中的一大难题。由于各部门、各行业之间的信息壁垒和利益诉求差异，导致资源整合和信息共享的难度加大，制约了数字化转型的整体效率和效果。因此，政府在顶层设计与战略规划中必须充分考量，以确保政策措施的针对性和实效性，以推动经济社会的高质量发展。

（一）制定差异化数字化转型战略

在制定差异化数字化转型战略时，政府需要深入分析各个行业和企业的具体需求和发展情况。对于已有一定数字化基础和技术实力的龙头企业，政府的策略重点应放在鼓励其继续深化数字化转型上，包括支持龙头企业利用先进技术进一步提升生产效率、优化供应链管理、拓宽市场渠道等，从而推动整个行业的创新和升级。政府可以通过提供税收优惠、资金扶持等政策措施，激励这些企业增加研发投入，探索数字化的新模式和新业态。

中小企业在数字化转型中面临的困境也不容忽视。由于资源和技术能力的限制，中小企业往往难以承担高昂的转型成本。因此，政府对中小企业的数字化转型需求应予以特别关注，可以通过提供定制化的技术支持和专业培训来提升其数字化能力。具体措施包括组织专家为企业提供技术咨询、开展针对性的数字化培训课程，以及建立专为中小企业设计的数字化服务平台等。这些政策的实施将帮助中小企业逐步提升自身数字化能力，缩减其与大型企业在发展上的差距，促进产业链的均衡发展。

此外，政府还应促进龙头企业与中小企业之间的合作，共同构建数字化转型的生态系统。利用龙头企业的技术溢出效应和中小企业的创新活力，可以促进资源共享与优势互补，共同推动数字化转型在更广阔领域的应用和推广，加速数字化转型的进程，从而提升整个经济体的竞争力和创新能力。

（二）加强数据安全与隐私保护立法

在加强数据安全与隐私保护立法方面，政府必须迅速行动，不断完善相关法律体系，以适应数字化转型带来的新挑战。首要任务是明确数据的所有权、使用权和经营权，确保各类数据主体在法律框架内享有明确的权益。这不仅有助于保护个人和企业的数据资产，还能为数据的合法流通和利用提供坚实的法律基础。

为了确保全面的法律保护，政府必须制订详尽的数据安全与隐私保护条例，明确规定数据在收集、存储、处理、传输和销毁等各个阶段的安全标准。这些条例应涵盖数据加密、访问控制和安全审计等关键技术措施，以及数据泄露应对和通知制度等管理方面的要求。通过这些细致条例，政府就能为企业提供清晰的操作指南，有效降低其数据泄露和滥用的风险。在立法过程中，政府还应综合考量技术的迭代和数字化转型的深入，不断更新和完善相关内容，以应对新的数据安全和隐私防护挑战。为了确保法律的严格执行，政府需要加大对违法行为的惩处力度，提高违法成本，对故意或过失泄露、滥用数据的行为实施严厉的处罚，并建立举报奖励机制，鼓励社会各界积极参与到数据安全与隐私保护的监督中来。

加强数据安全与隐私保护立法是数字化转型中不可或缺的一环。政府通过明确数据权益、制订严密的安全规范和强化法律执行力度，可以为企业提供坚实的法律支持，促进数字化转型的健康和有序发展。

（三）建立跨部门、跨行业协同机制

为了促进不同部门和行业之间的协同合作，政府应积极着手建立一个高效的跨部门、跨行业协同机制，用以打破信息孤岛，促进信息和资源的共享与整合，从而提升数字化转型的整体效率和质量。

政府可以定期召开跨部门、跨行业的协调会议，邀请各个相关部门和行业的代表共同参与、探讨和解决在数字化转型过程中遇到的具体问题。这样的协调机制使政府能够及时掌握各部门和行业面临的挑战及其实际需求，从而能提供更有针对性的支持和援助。政府还应推动建设数字化转型咨询服务平台，通过整合各部门和行业的数字化资源和服务，提供一站式解决方案，降低数字化转型的门槛和成本。同时，该平台还能进一步鼓励各部门和行业之间的交流与合作，分享和传播数字化转型的经验。

除此之外，政府还可以通过制定相应政策，积极引导企业、科研机构及其他多元主体共同参与数字化转型的协作。具体措施包括设立数字化转型合作项目库，鼓励各类主体申报参与，从而汇聚更广泛的资源和力量，共同推进数字化转型的进程。政府还应充分认识到行业协会和产业联盟在推动数字化转型中的重要作用。这些组织不仅具有强大的行业影响力，还拥有卓越的资源整合能力，能有效支持政府的相关工作。通过与这些组织建立紧密的合作关系，政府可以进一步加速数字化转型的步伐，有效推动整个行业的协同进步和技术革新。

二、政策支持与财政扶持

(一) 提供税收优惠和金融支持

为进一步激励企业进行数字化转型，政府应当持续优化和完善税收优惠政策。对那些已经积极投身数字化转型或有意向此方向发展的企业，应实施更加精细化、有针对性的企业所得税减免措施。具体而言，政府可以考虑根据企业数字化转型的投资规模、技术创新的深度和广度，以及转型后产生的经济和社会效益，来设定差异化、阶梯式的税收优惠政策。对于已经购买的先进数字化设备，除了提供增值税减免外，政府还可以考虑实施更为灵活的折旧政策，允许企业加速折旧，以便更快地反映出设备价值的损耗，从而鼓励企业更频繁地更新设备，保持技术领先。

在金融支持方面，政府需要进一步深化与金融机构的合作，促进创新金融产品的开发，以满足数字化转型过程中企业面临的多样化资金需求。具体而言，可以考虑设立专为数字化转型项目设计的贷款产品。这类贷款产品可以提供更长的贷款期限、更加灵活的还款方式和更低的利率，从而更好地支持企业在转型过程中的资金需求。此外，政府还可以建立多方参与的融资担保体系，引入社会资本，共同为企业的数字化转型提供资金支持。

(二) 设立专项资金和补贴政策

为了有效地支持企业的数字化转型，政府还可以考虑进一步细化和强化专项资金和补贴政策。在已有的数字化转型专项资金基础上，可以考虑扩大资金规模，并提升资金使用的灵活性和针对性。例如，可以设立多个子项目，分别针对数字化转型中的不同阶段和领域的企业，如初创期、成长期和成熟期企业，确保处于不同阶段的各类企业都能获得相应的支持。在关键技术研发方面，政府可以提供更精确的研发补贴，包括对成功研发出具有创新性和市场前景的技术的企业进行资金奖励，以及对研发投入大、风险高的项目直接提供研发成本补贴，这将有助于减少企业承担的研发风险并促进创新活力。

政府不仅可以提供购买新设备的补贴，也可以考虑推出设备租赁补贴计划，以促进企业通过租赁方式迅速更新其设备，从而更好地适应市场和技术的快速变化。同时，对于那些再利用或回收旧设备的企业，政府也应给予一定的经济激励，以促进资源的循环利用和减少浪费。

在人才培养和引进方面，政府可以通过提供诱人的补贴政策、住房优惠及子女教育支持等措施，增强对高端数字化人才的吸引力。此外，政府应与高等教育机构和职业培训中心合作，创建人才培养基金，支持相关专业课程和实践训练基地的发展。在这一系列政策的执行过程中，关键是确保建立一个公开、透明且高效的资金管理和分配机制，确保所投入的资金能够直接并有效地支持企业的数字化转型需求。

（三）加强政府采购和政策引导

政府采购作为推动企业数字化转型的关键驱动力，其潜在的影响力远超单纯的采购行为。为了更有效地利用这一工具，政府应当制定一套明确且透明的采购政策，优先选择那些已经完成或正在进行数字化转型的企业的产品或服务。这不仅为企业提供了稳定的市场需求，更是对其数字化转型成果的认可和鼓励。在实施政府采购时，应建立一套综合评价体系，这套体系中不仅包含产品或服务的质量和价格相关信息，还要将企业的数字化转型程度、技术创新能力、环保性能等因素纳入考量。

政府需要明确数字化转型的战略意义，并制订全面的发展规划及指导意见，以政策为纽带，积极推动企业的数字化进程。这些规划和指导意见应详尽地阐述数字化转型的目标与方向，同时提供具体的执行步骤和评估标准。鉴于市场环境的快速变化和技术的持续发展，必须定期对这些文档进行更新，以保证其内容具有前瞻性和适用性，始终保持行业领先地位。由此，政府不仅能够为企业提供清晰的转型指南，还能够确保政策措施与经济技术同步发展。

（四）强化监测评估与反馈机制

为了确保政策支持与财政扶持在推动企业数字化转型中的有效性和针对性，政府必须构建一个更为精细和动态的监测评估与反馈机制。这一机制不仅需要对当前的政策执行情况进行追踪，还需要具备足够的灵活性，以便根据市场变化和企业反馈进行快速调整。

政府可以运用大数据和人工智能技术，建立一个全面的数据收集与分析平台，用于实时监控企业在数字化转型过程中的多种数据，如投资规模、技术采用、生产效率的变化和市场动态等。通过对这些数据的深入挖掘和分析，政府能够更准确地评估政策的实施效果，识别出存在的问题和瓶颈，并预测未来的发展趋势。因此，政府还需要建立一个多维度的评估体系，这个体系覆盖经济、社会、环境等各个方面的效益，可以此全面地评估政策支持和财政援助的整体效果，为政策的进一步优化提供科学依据。

在反馈机制方面，政府应通过多种渠道，如线上问卷、座谈会、企业走访等，主动收集企业对政策实施的意见和建议。收集对象应涵盖已从政策中获益的企业，以及那些可能在未来考虑进行数字化转型但尚未直接受益的企业。通过这种多维度的信息收集，政府能够更加精准地把握企业面临的实际需求和挑战，进而根据这些反馈调整政策的方向和实施力度。

而针对已有的政策和财政补贴，政府还需建立定期的审查和更新机制。政府可以通过定期回顾现有政策的执行情况，评估其是否仍然适合当前的市场环境和企业需求，及时、高效地进行调整，确保政策始终与时俱进。

三、人才培养与技术创新

（一）构建完善的人才培养体系

为了应对数字化转型与新质生产力的融合挑战，首要任务是构建完善的人才培养体系。这一体系不仅关乎企业和行业的长远发展，更是国家竞争力的重要支撑，应涵盖高等教育、职业教育以及在职培训等多个层面，综合考虑教育、政策、市场和技术等多方面因素，确保能够源源不断地为各行各业输送具备数字化技能的专业人才。

政府需要推动高等教育的深层次改革，以适应数字化时代的发展需求。通过更新课程设置，引入更多与数字化技术、数据分析和人工智能相关的课程，确保学生在校期间就能接触到最前沿的科技知识；政府应鼓励高校与行业领先企业合作，共同开发与市场需求紧密相连、实践性强的教学项目，从而为学生提供更多的实习和实践机会；政府还应建立完善的职业教育体系，提供多样化的职业技能培训课程，以满足不同行业对数字化人才的需求；对在职人员的数字化技能培训也不容忽视，政府应与企业携手合作，创建线上线下相结合的培训体系，为在职人员提供灵活多样的学习选择。

为了确保人才培养体系的持续性和前瞻性，政府还应建立一个动态的人才需求预测机制和全面的人才数据库，通过收集和分析各行业的人才需求数据，预测未来一段时间内数字化人才的需求趋势，既为教育政策的制定和人才培养策略的调整提供科学依据，又能对各类技术人才进行精准分类和管理，为企业提供更加符合需求的人才资源。

（二）促进产学研一体化

产学研一体化是推动数字化转型与新质生产力深度融合的实操策略，其核心理念在于加强科研机构、高校与产业界之间的紧密合作。这种合作模式旨在加快科研成果的转化和应用，从而推动数字技术的创新发展和新质生产力的加速涌现。当前，虽然科研机构、高校与产业界之间的合作正在日益增多，但仍需进一步加强协同创新的深度和广度。

政府可以牵头建立一个高效的信息共享平台，实时更新和发布科研机构、高校的研究成果以及产业界的技术需求。通过这一平台，各方可以迅速找到合作的切入点，从而减少信息不对称所带来的障碍，加速科研成果的商业化进程；完善技术转移机制是推动产学研一体化的关键环节。政府可以设立专门的技术转移机构，提供技术评估、技术交易和法律咨询等一站式服务。这一关键举措不仅能够帮助科研机构和高校将其研究成果转化为实际产品，还能够为产业界提供持续的技术支持和创新动力。此外，政府还应加强对科研机构、高校和产业界人员的相关培训，以提高他们在技术转移和市场导向方面的专业能力。政府还应鼓励科研机构、高校和产业界积极参与国际科技合作项目，引进国际先进技术和管理经验。通过与国际同行的深入合作，可以促进我国数字技术的快速发展，并在全球数字化竞争中提升我国的地位。

（三）优化环境与建立激励机制

在当前的数字化时代，优化创新环境与建立激励机制显得尤为重要。为了实现高效、便捷的服务，需要进一步深化电子政务的应用。在数据共享方面，政府各部门应加强合作，共同构建一个开放、互通的数据平台，确保信息能够顺畅流通。打破部门间的信息壁垒，可以为企业提供更加透明、一致的数据支持，降低其在数据获取和整合上的成本。此外，为了充分利用移动互联网的优势，应继续推广移动政务服务，使更多群众能够随时随地处理政务事务，进一步提高政务服务的覆盖率和满意度。

对审批制度实施改革也是优化创新环境的关键一环。政府在完善现有的审批时间限制制度的同时，应加强动态监管，确保审批过程中每个环节都能高效、准确地执行。针对相对复杂或特殊的项目，政府可以设立对应的快速响应机制，通过跨部门协作、优化流程等方式，缩短审批周期，以确保项目能够及时启动并顺利推进。

政府还应当创建快速维权通道并强化执法力度，从而加大对知识产权的保护，为创新者提供更加坚实的法律保障，以确保其合法权益不受侵犯。同时，还应鼓励企业通过知识产权质押、许可等方式将其转化为实际资产，这不仅可以提高企业的融资能力，还能促进科技成果的转化和应用。

在激发创新活力方面，除了已有的创新创业大赛、创新基金和科学技术成果奖等活动与支持，仍值得探索更多元化的激励机制。例如，可以通过创新券制度降低中小企业的创新门槛，使其便捷地获取优质科技服务。

第五节　研究的局限性

本书对智能制造企业数字化转型、组织创新能力、市场竞争强度对企业创新绩效的影响进行了研究，构建了"数字化转型和组织创新能力—市场竞争强度—企业创新绩效"的研究模型，实证分析各个变量间关系以及作用机理。虽然本书的研究具有一定的现实意义和理论意义，但是受到研究能力、研究方法和研究条件的限制，仍然存在一定的局限性。

（一）变量选取方面

本书在探讨智能制造企业创新绩效的影响因素时，主要选取了数字化转型和组织创新能力作为核心自变量。然而，在深入的文献调研和企业访谈过程中，笔者发现创新绩效的驱动因素远不止这些。领导行为、供应链关系、网络交互、政策支持等诸多要素同样对创新绩效产生显著影响。由于本书仅聚焦于数字化转型和组织创新能力，这在一定程度上可能影响了模型的拟合精度和研究结论的全面性。

（二）模型构建方面

在组织创新能力与市场竞争强度的关系以及市场竞争强度的中介作用方面，现有的作用机制和概念解释尚显不足。一方面，当前对于企业创新绩效、数字化转型、组织创新能力和市场竞争强度的文献资料尚不全面，且关于组织创新能力与市场竞争强度的关联，以及市场竞争强度在数字化转型和组织创新能力对组织创新绩效影响中的中介作用的研究还较为匮乏。因此，这些变量之间的相互作用机制还有很大的探讨空间；另一方面，为了更清晰地揭示这些变量之间的关系，笔者进行了探索性的案例分析。然而，由于案例企业的数据来源有限，所能获得的编码数量也相对有限，这在一定程度上影响了扎根分析的逻辑性。

（三）问卷调查方面

当前关于企业数字化转型、组织创新能力和市场竞争强度的研究量表尚显稚嫩，关于这些变量的维度界定在学术界还未形成一致看法。因此，现有的问卷题项在设计上仍需进一步的科学论证和有效性检验。在本书的研究中，使用的调查问卷覆盖了企业经营战略、组织结构调整和行业布局等多个方面，这要求填写问卷的人对企业的基本情况有充分的了解和有较丰富的专业知识。然而，笔者发现，即便是企业的高层管理人员，也很难保证所填写的答案完全贴近企业的真实状况，这可能造成一定的数据偏差。此外，问卷中的问题主要依赖于填写者的主观感受，因而无法确保能准确、客观地反映企业在数字化转型和组织创新能力等方面的实际状况。

　　由于本书研究中的问卷是通过网络渠道进行发放和回收的，这导致了参与调查的企业在质量、规模和所在地区上存在较大差异。尽管研究已对收集到的数据进行了信度和效度的检验，并确认样本量基本满足实证分析的要求，但必须承认，由于企业规模、行业和地域的多样性，数据中可能存在一定的干扰和误差。

第六节　未来展望

　　随着数字经济的发展以及国家对于智能制造企业核心竞争力提升的重视，数字化转型与创新绩效的探究已然成为学术界的焦点。数字化转型、新质生产力、组织创新能力以及市场竞争强度的发展等议题，无疑将成为未来探讨的重要方向。

　　数字化转型将继续在未来发挥重要作用，随着大数据、云计算、人工智能等技术的不断发展，数字化转型将成为企业提升运营效率、优化产品服务和增强市场竞争力的关键手段。企业将更加注重数字化技术的应用，推动业务流程、管理模式和企业文化的全面变革。随着科技的不断进步和新兴产业的快速发展，新质生产力将在推动企业转型升级、提高生产效率、降低成本、增强市场竞争力等方面发挥重要作用，新质生产力的发展将成为未来探讨的重要方向之一。因此，企业需要紧密关注新质生产力的发展趋势，积极探索与其相适应的生产模式和管理方式，以实现可持续发展。随之而来的，组织创新能力将成为企业持续发展的重要驱动力。在快速变化的市场环境中，企业需要不断进行创新以应对竞争压力。提高组织创新能力将有助于企业探索新的市场机会、开发新产品和服务，促进企业持续成长。而市场竞争强度将持续影响企业的战略选择和经营绩效。在激烈的市场竞争中，企业需要精准地了解市场需求并制订有效的竞争策略，以便获得更大的市场份额和增强客户信任。此外，企业还应持续关注竞争对手的活动，及时调整策略，确保在竞争中保持优势。

　　因此，本书对相关研究的未来展望如下：

（一）变量选择与行业细化

在未来的研究中，可以尝试更深入地挖掘和选取与智能制造企业创新绩效相关的变量。除了已经考虑到的技术、市场和财务等因素外，还可以特别关注企业管理层的领导风格对创新绩效的潜在影响。例如，变革型领导和服务型领导等不同的领导风格可能会对企业的创新能力、团队士气以及最终的创新绩效产生显著影响。通过将这些领导风格变量纳入研究模型，可以更全面地理解创新过程的复杂性。同时，网络交互的深度与广度也是一个值得进一步探究的变量。在智能制造时代，企业间的网络连接和信息共享变得尤为重要。网络交互的深度反映了企业与外部实体（如供应商、客户、研究机构等）之间合作关系的紧密程度，而广度则体现了企业参与网络活动的范围和多样性。深入研究这些方面，将有助于揭示网络交互如何影响智能制造企业的创新能力和市场表现。此外，供应链中的合作关系也是未来研究的一个重要方向。智能制造企业的供应链往往涉及多个参与者和相对复杂的协作过程，考察供应链中的合作关系，包括信息共享、风险共担以及协同创新等多个方面，将有助于更好地理解这些合作关系如何影响企业的创新绩效和市场竞争力。

考虑到智能制造领域的广泛性和多样性，未来的研究还可以进一步细化行业分类。不同行业可能面临不同的市场环境、技术挑战和竞争格局，因此其创新绩效的影响因素也可能存在差异。通过深入研究智能制造领域中的各个具体行业，可以更准确地识别每个行业的关键成功因素和潜在风险。而在选择自变量时，则应细致研究各个行业的独特属性和发展需求。例如，在高端装备制造行业中，技术创新能力、产品质量和可靠性以及市场响应速度等因素可能更为重要；而在工业机器人领域，则可能更加注重人机交互的便捷性、系统的稳定性和安全性。通过精准选择自变量并构建有针对性的研究模型，可以为企业提供更具体、更实用的战略建议和发展方向。

（二）研究方法

目前，本书在数据分析上主要采用的是相关分析与回归分析等传统统计方法，这些方法在初步探索变量之间的关系，以及预测因变量时均具有一定效果。但随着未来研究的深入，可以考虑使用更为精细和高级的分析工具，来揭示数据背后更为复杂的模式和关联。例如，引入结构方程模型（SEM），这是一种能够同时处理多个因果关系并检验关联是否显著的统计方法。通过 SEM，研究者能够同时考察多个变量之间的网络关系，包括直接效应、间接效应及总效应，这将有助于更全面地理解智能制造企业创新绩效的影响因素及其作用机制。此外，鉴于智能制造企业的创新活动是一个动态的过程，其绩效往往会随时间变化而呈现出不同的趋势和特征，因此，还可以尝试利用时间序列分析方法来追踪这些数据随时间变化的规律和趋势。时间序列分析能够揭示数据的季节性和周期性特征，并通过建立预测模型，帮助预测未来一段时间内的创新绩效。

（三）中介作用研究

近年来，关于创新绩效提升的研究层出不穷，但大多集中在直接影响因素上，对于可能发挥中介作用的因素的探讨相对较少。未来研究中可以考虑进一步挖掘企业数字化转型与市场竞争强度的内在联系，并更为细致地分析组织创新能力是如何通过市场竞争强度这一中介变量来影响创新绩效的。研究还可以尝试探索更多潜在的中介变量，如企业文化、组织结构、市场导向等，都可能是影响创新绩效的重要中介因素。通过深入挖掘这些中介变量的作用机制，可以帮助构建一个更为丰富和完善的创新绩效研究框架，从而为企业提供更具体、更有针对性的创新发展策略。

（四）调查问卷和理论分析

在调查问卷部分，后续的研究可以考虑扩大样本规模，包括涵盖更广泛的行业和企业类型，以增强研究的代表性和普适性，过程中还应重视提升调查人员的专业素养，确保数据质量。而在理论分析层面，还需要拓宽文献检索的范围，深入挖掘新质生产力、数字化转型、商业模式创新、动态能力、环境不确定性及企业绩效等核心概念的内涵与外延。此外，对于各个变量间的关系和维度划分，也需要进行更为细致的论述和丰富。为了增强研究的客观性，还可以利用上市公司财务报表中的相关数据，对数字化转型和企业绩效等关键指标进行量化分析，从而有效规避问卷调查中可能存在的主观性偏差。这些改进与优化将有助于研究者更加准确地把握数字化转型与创新绩效之间的复杂关系。

参考文献

［1］卫明. 宁德时代: 巨头的"后时代"［J］. 经理人, 2023（10）:
22 – 32.

［2］蔡莉, 张玉利, 蔡义茹, 等. 创新驱动创业: 新时期创新创业研究的
核心学术构念［J］. 南开管理评论, 2021, 24（4）: 217 – 224.

［3］曹兴, 罗会华. 技术研发难度、市场竞争强度对新兴产业企业进
入数量的影响研究［J］. 科学决策, 2020（10）: 1 – 18.

［4］曾德麟, 蔡家玮, 欧阳桃花. 数字化转型研究: 整合框架与未来
展望［J］. 外国经济与管理, 2021（5）: 63 – 76.

［5］陈德球, 张雯宇. 企业数字化转型与产品市场竞争地位［J］. 武
汉大学学报（哲学社会科学版）, 2024, 77（2）: 118 – 131.

［6］陈建军, 王正沛, 李国鑫. 中国宇航企业组织结构与创新绩效:
动态能力和创新氛围的中介效应［J］. 中国软科学, 2018（11）:
122 – 130.

［7］陈金亮, 赵雅欣, 林嵩. 智能制造能促进企业创新绩效吗?［J］.
外国经济与管理, 2021, 43（9）: 83 – 101.

［8］陈君虹. 市场竞争、债务融资成本与企业创新绩效［J］. 中小企
业管理与科技, 2022（8）: 180 – 183 + 187.

［9］陈明, 陈剑. 试论信息时代下软件技术的发展困境及未来思考
［J］. 信息系统工程, 2020（6）: 2.

［10］陈培全. 数字化制造与工业互联网融合的智能制造模式探究
［J］. 中国机械, 2023（29）: 43 – 46.

［11］陈其齐, 杜义飞, 薛敏. 数字化转型及不确定环境下中国管理研
究与实践的创新发展——第11届"中国·实践·管理"论坛评述

［J］. 管理学报，2021，18（3）：337 - 342.

［12］ 陈树广，宋志龙. 双重网络嵌入、双元 IT 能力与知识创新绩效的关系研究［J］. 统计与信息论坛，2022，37（5）：90 - 101.

［13］ 陈威如，王节祥. 依附式升级：平台生态系统中参与者的数字化转型战略［J］. 管理世界，2021（10）：195 - 214.

［14］ 陈岩，湛杨灏，王丽霞，等. 研发投入、独立董事结构与创新绩效——基于中国上市家族企业的实证检验［J］. 科研管理，2018，39（1）：95 - 107.

［15］ 陈耘，赵富强，周槿晗. AUO - AHRP 对组织创新绩效的影响研究——知识转移与社会资本的作用［J］. 科研管理，2022，43（5）：164 - 171.

［16］ 陈卓，许志国，谢恒烺. 数字经济的政策解读和发展路径［J］. 宏观经济管理，2022（4）：26 - 31 + 39.

［17］ 程翔. 镇江打造数字服贸新"引擎"［J］. 服务外包，2023（9）：48 - 50.

［18］ 程跃，段钰. 财政补贴政策对企业创新绩效的影响研究——基于资源获取能力的实证思考［J］. 工业技术经济，2022（7）：104 - 112.

［19］ 池毛毛，叶丁菱，王俊晶，等. 我国中小制造企业如何提升新产品开发绩效——基于数字化赋能的视角［J］. 南开管理评论，2020，23（3）：63 - 75.

［20］ 邢纪红，王翔. 传统制造企业"互联网+"商业模式创新的结构特征及其实现路径研究［J］. 世界经济与政治论坛，2017（2）：70 - 90.

［21］ 单标安，刘晓菊，赵润萱，等. 组织能力、组织创新与数字化转型如何激发新产品开发绩效？——基于 fsQCA 的组态效应研究［J］. 研究与发展管理，2022，34（3）：81 - 93.

［22］ 董衍善. 从"竞争"走向"竞合"——制造业数字化转型认知框架及实现路径［J］. 企业管理，2022（12）：97 - 100.

［23］ 杜传忠，王晓蕾. 智能制造对制造企业创新效率的非线性影响——基于制造业服务化的调节效应［J］. 四川大学学报（哲学社会科学版），2024（1）：37 - 51 + 208 - 209.

[24] 范黎波，郝安琪，吴易明．制造业企业数字化转型与出口稳定性［J］．国际经贸探索，2022，38（12）：4-18.

[25] 方肖燕，赵倚林．零售企业数字化转型、动态竞争环境与双元创新的关系［J］．商业经济研究，2023（3）：42-46.

[26] 高道斌，陈悦，韩盟，等．市场竞争属性映射下的企业技术机会识别框架构建［J/OL］．情报理论与实践，1-17［2024-06-04］.

[27] 龚红，彭玉瑶．技术董事的专家效应、研发投入与创新绩效［J］．中国软科学，2021（1）：127-135.

[28] 辜胜阻，庄芹芹．资本市场功能视角下的企业创新发展研究［J］．中国软科学，2016（11）：4-13.

[29] 顾建平，房颖莉．战略性企业社会责任与组织韧性：网络嵌入与创新能力的链式中介作用［J］．科技管理研究，2022，42（16）：146-153.

[30] 顾丽敏，张骁．数字经济驱动企业商业模式创新的动因、机理与路径［J］．南京社会科学，2023（12）：36-43.

[31] 顾远东，彭纪生．组织创新氛围对员工创新行为的影响：创新自我效能感的中介作用［J］．南开管理评论，2010，13（1）：30-41.

[32] 郭晓川，刘虹，张晓英．双元创新选择、市场竞争强度与商业模式迭代——基于高新技术制造企业的实证研究［J］．软科学，2021，35（10）：9-14.

[33] 郭晓玲，李凯，石俊国．买方市场势力、市场竞争环境与研发投入——基于高新技术上市公司的经验证据［J］．科研管理，2021，42（11）：129-136.

[34] 郭晓玲，李凯．不同竞争模式下制造商创新投入决策影响研究［J］．东北大学学报（自然科学版），2022，43（1）：124-132.

[35] 韩少杰，苏敬勤．数字化转型企业开放式创新生态系统的构建——理论基础与未来展望［J］．科学学研究，2023，41（2）：335-347.

[36] 韩蓄，傅联英，吕重阳，等．智藏韧显：智能制造提升工业韧性的机理与证据［J］．研究与发展管理，2023，35（6）：46-59.

[37] 郝凝辉，刘晓天．智能交互时代设计赋能智能制造创新发展路径

研究 ［J］. 包装工程, 2023, 44 （12）: 39 – 48.

［38］ 何伟, 张伟东, 王超贤. 面向数字化转型的 "互联网 + " 战略升级研究 ［J］. 中国工程科学, 2020, 22 （4）: 10 – 17.

［39］ 何亚东, 胡涛. 委托代理理论述评 ［J］. 山西财经大学学报, 2002 （3）: 62 – 65.

［40］ 侯翠梅, 苏杭. 智能化转型对企业创新绩效的影响研究——基于数字化能力的视角 ［J］. 工程管理科技前沿, 2023, 42 （2）: 83 – 89.

［41］ 侯光文, 刘青青. 网络权力与创新绩效: 基于企业数字化能力视角 ［J］. 科学学研究, 2022, 40 （6）: 1143 – 1152.

［42］ 侯光文, 薛惠锋. 集群网络关系、知识获取与协同创新绩效 ［J］. 科研管理, 2017, 38 （4）: 1 – 9.

［43］ 胡斌, 王莉丽. 物联网环境下的企业组织结构变革 ［J］. 管理世界, 2020, 36 （8）: 202 – 210 + 232 + 211.

［44］ 胡成林, 韩丽, 左鹏. 智能制造生态发展研究 ［J］. 智能制造, 2024 （1）: 18 – 25.

［45］ 胡令, 王靖宇. 产品市场竞争与企业创新效率——基于准自然实验的研究 ［J］. 现代经济探讨, 2020 （9）: 98 – 106.

［46］ 胡士强, 彭纪生, 周路路. 企业组织结构、权力结构及其对技术创新影响机制——一个整合框架 ［J］. 科学管理研究, 2009, 27 （4）: 1 – 5.

［47］ 胡双钰, 吴和成, 翁旻. 创新开放度与组织技术创新——知识网络凝聚性的调节作用 ［J］. 软科学, 2022, 36 （10）: 26 – 31.

［48］ 胡燕妮, 姜颖. 从《财富》世界 500 强看头部企业发展态势及中美对比 ［J］. 中国经济报告, 2023 （5）: 31 – 37.

［49］ 胡媛媛, 陈守明, 仇方君. 企业数字化战略导向、市场竞争力与组织韧性 ［J］. 中国软科学, 2021 （S1）: 214 – 225.

［50］ 黄丽华, 朱海林, 刘伟华, 等. 企业数字化转型和管理: 研究框架与展望 ［J］. 管理科学学报, 2021, 24 （8）: 26 – 35.

［51］ 黄婉莹, 谢洪明. 新 "资源" 理论的演化: 从内部到外部 ［J］. 管理现代化, 2021, 41 （1）: 54 – 57.

［52］黄玮，项国鹏，杜运周，等．越轨创新与个体创新绩效的关系研究——地位和创造力的联合调节作用［J］．南开管理评论，2017，20（1）：143－154.

［53］贾建锋，李会霞，刘志，等．组织创新氛围对员工突破式创新的影响［J］．科技进步与对策，2022，39（3）：145－152.

［54］姜莉莉，刘力钢，邵剑兵．数字化转型战略对衰退企业绩效逆转的影响［J］．企业经济，2022，41（12）：31－40.

［55］姜奇平．推动中国式现代化经济范式转变［J］．互联网周刊，2024（3）：6.

［56］姜一涵，邢铭强．行业竞争程度、供应商集中度与现金流操控［J］．经济问题，2021（5）：94－101.

［57］焦韧．宁德时代 ESG 实践影响企业价值路径分析［J］．中小企业管理与科技，2024（2）：118－120.

［58］焦勇．数字经济赋能制造业转型：从价值重塑到价值创造［J］．经济学家，2020（6）：87－94.

［59］解维敏，魏化情．市场竞争、组织冗余与企业研发投入［J］．中国软科学，2016（8）：102－111.

［60］金玮，石春生，李逍然．高端装备制造企业组织创新演化机制研究——基于混沌理论［J］．运筹与管理，2022，31（3）：219－226.

［61］孔存玉，丁志帆．制造业数字化转型的内在机理与实现路径［J］．经济体制改革，2021（6）：98－105.

［62］孔令文，徐长生，易鸣．市场竞争程度、需求规模与企业技术创新——基于中国工业企业微观数据的研究［J］．管理评论，2022，34（1）：118－129.

［63］赖欣．组织有效性理论在组织变革中的应用［J］．经济师，2010（1）：46－47.

［64］李柏洲，尹士．数字化转型背景下 ICT 企业生态伙伴选择研究——基于前景理论和场理论［J］．管理评论，2020，32（5）：165－179.

［65］李纲，陈静静，杨雪．网络能力、知识获取与企业服务创新绩效

的关系研究——网络规模的调节作用［J］．管理评论，2017，29（2）：59－68＋86．

［66］李海林，龙芳菊，林春培．网络整体结构与合作强度对创新绩效的影响［J］．科学学研究，2023，41（1）：168－180．

［67］李九斤，叶楠，葛松．基于价值链的新能源公司成本管理分析与优化研究——以宁德时代为例［J］．航空财会，2024，6（1）：4－10．

［68］李玲．产品市场竞争与企业创新关系实证研究——来自深市上市公司的证据［J］．科技进步与对策，2014，31（19）：96－102．

［69］李琪，吴继英．先进制造业与现代服务业融合发展与互动效应实证研究——以镇江市为例［J］．科技和产业，2022，22（12）：265－270．

［70］李琦，陆思博，马驰，等．资源基础理论的"存量观"和"流量观"［J］．中国集体经济，2023（10）：79－82．

［71］李世江．企业管理的数字化表达［J］．企业管理，2020（9）：40－41．

［72］李田，杜阳．市场驱动、创新效率与企业风险承担——兼议"有为政府"的实现路径［J］．江西财经大学学报，2020（6）：32－45．

［73］李小青，何玮萱，李子彪，等．制造企业数字化创新能力影响因素识别及评价［J］．科技管理研究，2022，42（16）：1－10．

［74］李雪松，党琳，赵宸宇．数字化转型、融入全球创新网络与创新绩效［J］．中国工业经济，2022（10）：43－61．

［75］李元旭，胡亚飞．新兴市场企业的跨界整合战略：研究述评与展望［J］．外国经济与管理，2021，43（10）：85－102．

［76］李源，薛玉莲．数字化转型与企业可持续发展［J］．企业经济，2022，41（12）：61－68．

［77］李媛，王佳怡，王雪莲，等．科技新创企业的数字化战略认知图式及其对战略行动的驱动路径研究［J］．财会通讯，2024（8）：11－19．

［78］李远勤，高轲，于晓宇．企业数字化转型概念与测量方法研究综

述［J］．秘书，2022（6）：3－15．

［79］李玥．基于资源基础理论的组织间协同机理研究［J］．西北工业大学学报（社会科学版），2017，37（4）：23－26＋38．

［80］李周羲．赋能百业千行，呈现千姿百态［J］．产城，2023（5）：34－37．

［81］连建新，杜云飞．产品生命周期视阈下的组织创新与技术创新协同研究［J］．商展经济，2022（10）：117－120．

［82］廖筠，魏孟华，赵雪伟．市场竞争强度对企业开放度的影响：基于吸收能力的调节效应分析［J］．现代财经（天津财经大学学报），2023，43（1）：103－121．

［83］林芹，易凌峰．不确定环境下创业型领导如何提升组织创新绩效［J］．科技进步与对策，2021，38（9）：117－123．

［84］林新奇，呼枫．中国式现代化进程中如何重塑中国制造业的人力资源竞争力——基于宁德时代和瑞士机床的多案例研究［J］．福州大学学报（哲学社会科学版），2023，37（4）：74－85＋171．

［85］凌士显，张晓玉．数字化转型对企业持续创新的影响——基于数字化赋能功能与协同功能机制的分析［J/OL］．软科学，1－12［2024－06－04］．

［86］刘汉民，解晓晴，齐宇．工业革命、组织变革与企业理论创新［J］．经济与管理研究，2020，41（8）：3－13．

［87］刘皓琰．马克思企业竞争理论与数字经济时代的企业竞争［J］．马克思主义研究，2021（10）：83－92．

［88］刘建丽，李娇．智能制造：概念演化、体系解构与高质量发展［J］．改革，2024（2）：75－88．

［89］刘萍，李首位．组织结构有机性、技术创新策略与企业创新绩效——一个研究综述［J］．中国管理信息化，2018，21（13）：85－86．

［90］刘善仕，刘婷婷，刘向阳．人力资源管理系统、创新能力与组织绩效关系——以高新技术企业为例［J］．科学学研究，2007（4）：764－771．

［91］刘兴国，丁贵娥. 2023 中国企业 500 强报告［J］. 中国经济报告，2024（1）：63 - 90.

［92］刘洋，董久钰，魏江. 数字创新管理：理论框架与未来研究［J］. 管理世界，2020，36（7）：198 - 217 + 219.

［93］刘志伟，舒雨锋，李清顺，等. 智能制造装备技术人才需求调研与培养对策研究［J］. 科技风，2024（5）：151 - 153.

［94］卢宇. 管理模式异质性、组织创新氛围与企业二元式创新平衡［J］. 财会通讯，2022（7）：69 - 73.

［95］罗震世，杨正沛，衣凤鹏. 技术创新资源对技术创新绩效影响的实证研究［J］. 北京行政学院学报，2011（3）：82 - 85.

［96］吕铁. 传统产业数字化转型的趋向与路径［J］. 人民论坛·学术前沿，2019（18）：13 - 19.

［97］马君，郭明杰. 企业数字化转型、员工数字认知与创新绩效：技术为刀，我为鱼肉？［J］. 科技进步与对策，2023，40（22）：22 - 32.

［98］毛基业. 央企数字化转型及路径参考［J］. 企业管理，2021（12）：23 - 26.

［99］孟蝶，韩东明，王阳，等. 2022 年电控配电行业经济运行统计分析报告［J］. 电器工业，2023（10）：5 - 11.

［100］孟蝶，韩东明，王阳，等. 电控配电行业经济运行统计分析报告［J］. 电器工业，2023（1）：6 - 12.

［101］庞瑞芝，涂心语，严晓玲. 产品市场竞争与知识溢出如何影响企业研发？——基于多维空间邻近的实证识别［J］. 产业经济研究，2021（2）：1 - 14 + 29.

［102］彭红霞，达庆利. 企业文化、组织学习、创新管理对组织创新能力影响的实证研究［J］. 管理学报，2008（1）：144 - 149.

［103］戚聿东，蔡呈伟. 数字化企业的性质：经济学解释［J］. 财经问题研究，2019（5）：121 - 129.

［104］戚聿东，徐凯歌. 新时代十年我国智能制造发展的成就、经验与展望［J］. 财经科学，2022（12）：63 - 76.

［105］齐亚平．组织文化影响组织创新能力的机理与路径研究［D］．天津：天津财经大学，2012.

［106］钱晶晶，何筠．传统企业动态能力构建与数字化转型的机理研究［J］．中国软科学，2021（6）：135－143..

［107］钱军平．基于组织发展理论的大学内部管理改革［J］．大学（学术版），2013（11）：15－21＋14.

［108］任浩，佟星．知识网络能力对组织创新影响的双路径效应机制研究［J］．科技进步与对策，2021，38（1）：114－121.

［109］任希丽．技术差距、市场竞争与制造业技术创新［J］．统计与决策，2021，37（21）：127－131.

［110］沈锭荣，王琛．企业动态能力与技术创新绩效关系研究［J］．科学管理研究，2012，30（2）：54－58.

［111］宋丽伟．企业市场竞争地位与技术创新绩效［J］．价值工程，2022，41（18）：160－162.

［112］宋清，刘奕惠．市场竞争程度、研发投入和中小科技企业创新产出——基于风险投资调节的条件过程分析［J］．中国软科学，2021（10）：182－192.

［113］宋耘，王婕．网络特征和知识属性对企业创新绩效的影响［J］．管理科学，2020，33（3）：63－77.

［114］苏大军．技术创新转化——衡量组织创新能力的最好尺度［J］．中外企业文化，2023（9）：1－2.

［115］苏敬勤，孙悦，高昕．连续数字化转型背景下的数字化能力演化机理——基于资源编排视角［J］．科学学研究，2022，40（10）：1853－1863.

［116］苏涛永，毛宇飞，单志汶．高管团队异质性、双元创新与企业成长——行业竞争与冗余资源的调节效应［J］．科学管理研究，2021，39（6）：75－81.

［117］苏屹，梁德智．包容型领导对员工创新行为的影响：基于组织和谐的中介作用及组织创新氛围的调节作用［J］．商业经济与管理，2021（1）：27－36.

[118] 孙慧，王慧．政府补贴、研发投入与企业创新绩效——基于创业板高新技术企业的实证研究［J］．科技管理研究，2017，37（12）：111－116．

[119] 孙林杰，彭丽霞，孙万君．研发成本粘性与技术创新绩效的关联性研究［J］．科学学研究，2022，40（4）：695－703．

[120] 孙爽．中小银行数字化转型的实践探索［J］．银行家，2021（11）：39－43．

[121] 孙卫，张凌祥，林子鹏．质量管理实践对企业创新绩效的影响——市场竞争强度的调节作用［J］．科技进步与对策，2021，38（7）：95－104．

[122] 孙小雨．技术选择和利润率下降：基于真实竞争理论的两条分析路径［J］．经济纵横，2024（1）：39－49．

[123] 孙晓晓．组织发展推动力之——团队效能感［J］．中国商界（下半月），2009（2）：239．

[124] 孙永磊，宋晶，陈劲．企业家社会网络对商业模式创新的影响研究——竞争强度的调节作用［J］．管理评论，2019，31（7）：286－293＋304．

[125] 孙育平．企业数字化转型的特征、本质及路径探析［J］．企业经济，2021，40（12）：35－42．

[126] 唐鹏鸣．数字化转型与企业技术创新：倒 U 型关系形成机理及其检验［J］．现代经济探讨，2022（12）：91－102．

[127] 唐文秀，周兵，徐辉．产品市场竞争、研发投入与财务绩效——基于产权异质性的比较视角［J］．华东经济管理，2018，32（7）：110－119．

[128] 唐要家，王钰，唐春晖．数字经济、市场结构与创新绩效［J］．中国工业经济，2022（10）：62－80．

[129] 万文海，刘龙均．员工与用户内外协同对平台企业创新绩效的影响：基于价值共创视角［J］．南开管理评论，2021，24（2）：72－84．

[130] 汪芳，石鑫．互联网、行业竞争程度与创新效率［J］．科研管

理，2022，43（9）：119－126.

［131］王博林．组织创新支持与员工创新行为［J］．求索，2021（4）：187－195.

［132］王超发，李雨露，王林雪，等．动态能力对智能制造企业数字创新质量的影响研究［J］．管理学报，2023，20（12）：1818－1826.

［133］王华，徐晓，吴昊，等．组织创新的概念、类型与测量述评［J］．兰州学刊，2009（S1）：83－88＋91.

［134］王继业，周春雷，李洋，等．数据中心关键技术和发展趋势研究综述［J］．电力信息与通信技术，2022，20（8）：1－21.

［135］王进富，王炎，张颖颖．不同发展阶段裂变型科技企业动态能力、双元创新与企业价值链升级［J/OL］．科技进步与对策，1－10［2024－06－04］.

［136］王兰芳，胡悦．创业投资促进了创新绩效吗？——基于中国企业面板数据的实证检验［J］．金融研究，2017（1）：177－190.

［137］王墨林，宋渊洋，阎海峰，等．数字化转型对企业国际化广度的影响研究：动态能力的中介作用［J］．外国经济与管理，2022，44（5）：33－47.

［138］王群勇，孟雅婧，庞瑞芝．企业ESG表现对供应链网络地位影响研究：路径检验与机制分析［J］．现代财经（天津财经大学学报），2024，44（4）：36－55.

［139］王文泽．以智能制造作为新质生产力支撑引领现代化产业体系建设［J］．当代经济研究，2024（2）：105－115.

［140］王晓红，胡士磊．校企合作提升了制造业企业的技术创新绩效吗？——基于倾向得分匹配方法的实证研究［J］．技术经济，2022，41（4）：30－43.

［141］王晓轩．当代互联网数字商业模式与传统商业模式的特征差异、较量和展望［J］．江苏商论，2024（4）：3－8.

［142］王玉峰，刘萌，王树进．组织创新导向对研发人员创新绩效的影响——创造力与差错管理氛围的作用［J］．技术经济，2019，38（1）：9－18.

[143] 王志莲，张红．TCL 集团组织创新研究．经济问题探索，2003
（4）：83 - 87.

[144] 王忠，潘欣贤，谢卫红，等．数字化创新、企业边界重塑与智
能制造企业高质量发展——来自专利文本信息机器学习的经验证
据［J/OL］．科技进步与对策，1 - 11［2024 - 06 - 04］.

[145] 威尔森．2023 年动力电池市场观察［J］．汽车与配件，2024
（4）：32 - 33.

[146] 温馨，杨成成，殷艳娜．数字技术扩散推动企业商业模式创新
的战略导向中介机理［J］．经济论坛，2024（1）：101 - 118.

[147] 吴群．传统企业互联网化发展的突破口［J］．群众，2017（5）：
31 - 32.

[148] 吴武清，田雅婧．企业数字化转型可以降低费用粘性吗——基
于费用调整能力视角［J］．会计研究，2022（4）：89 - 112.

[149] 吴小丁．现代竞争理论的发展与流派［J］．吉林大学社会科学
学报，2001（2）：67 - 72.

[150] 吴泽俊，杨铖，胡杨成．变革型领导、组织创新对高校组织绩
效的影响［J］．重庆大学学报（社会科学版），2015，21（6）：
227 - 233.

[151] 武建龙，刘禹彤，王珊珊，等．在位企业如何实现颠覆性技术
创新？——基于组织惰性和动态创新能力的匹配性研究［J/OL］.
科学学研究，1 - 15［2024 - 06 - 04］.

[152] 肖土盛，孙瑞琦，袁淳，等．企业数字化转型、人力资本结构调
整与劳动收入份额［J］．管理世界，2022，38（12）：220 - 237.

[153] 肖振红，范君荻，李炎．产学研协同发展、知识积累与技术创
新效率——基于动态面板门限机理实证分析［J］．系统管理学报，
2021（1）：142 - 149.

[154] 谢洪明，刘常勇，陈春辉．市场导向与组织绩效的关系：组织
学习与创新的影响——珠三角地区企业的实证研究［J］．管理世
界，2006（2）：80 - 94 + 143 + 171 - 172.

[155] 谢洪明，王成，吴隆增．知识整合、组织创新与组织绩效：华南

地区企业的实证研究［J］．管理学报，2006（5）：600 - 606 + 621.

［156］谢卫红，李淑茏，李忠顺，等．如何驱动智能制造企业数字化创新？——基于技术可供性视角的机制与证据［J］．技术经济，2023，42（11）：75 - 92.

［157］辛本禄，代佳琳．组织创新氛围对员工创新意愿的作用机制——以知识密集型服务企业为样本［J］．科技进步与对策，2021，38（9）：109 - 116.

［158］邢青松，陈佑琳，邓富民．考虑数据共享和平台赋能的智能制造生态合作策略演化［J/OL］．软科学，1 - 14［2024 - 06 - 04］.

［159］熊婷，程博，潘飞．CEO 权力、产品市场竞争与公司研发投入［J］．山西财经大学学报，2016，38（5）：56 - 68.

［160］熊先青，马清如，袁莹莹，等．面向智能制造的家具企业数字化设计与制造［J］．林业工程学报，2020，5（4）：174 - 180.

［161］徐朝辉，王满四．数字化转型对企业员工薪酬的影响研究［J］．中国软科学，2022（9）：108 - 119.

［162］徐政，张姣玉．新质生产力促进制造业转型升级：价值旨向、逻辑机理与重要举措［J］．湖南师范大学社会科学学报，2024，53（2）：104 - 113.

［163］许慧，郭丕斌，暴丽艳．组织创新支持对科研人员创新行为的影响——基于创新自我效能感、知识共享的链式中介效应［J］．科技管理研究，2021，41（8）：124 - 131.

［164］许治，王雨楠，吴辉凡．大数据能力对组织双元创新的影响——基于组织学习与环境复杂性的作用［J］．科学学与科学技术管理，2022，43（9）：40 - 53.

［165］杨洁，马从文，刘运材．数字化转型对企业创新的影响［J］．统计与决策，2022，38（23）：180 - 184.

［166］杨立勋，王涵，张志强．中国工业数字经济规模测度及提升路径研究［J］．上海经济研究，2022（10）：68 - 81.

［167］杨雅程，雷家骕，陈浩，等．加工制造企业数字化转型的机理——基于资源编排视角的案例研究［J］．管理案例研究与评论，

2022, 15（2）: 198 - 220.

[168] 叶丹. 传统制造企业信息技术能力、数字化转型战略和数字创新绩效的关系研究 [D]. 长春: 吉林大学, 2022.

[169] 叶红雨, 袁娇. 智能制造、内部控制、高管薪酬与企业创新持续性 [J]. 西部经济管理论坛, 2024, 35（1）: 86 - 96.

[170] 应里孟, 阳杰, 高曼如. 智能制造与企业绩效——基于 PSM - DID 方法的实证检验 [J]. 财会月刊, 2020（12）: 11 - 17.

[171] 于茂荐. 供应链创新、研发组织结构与企业创新绩效 [J]. 科学学研究, 2021, 39（2）: 375 - 384.

[172] 余东华, 李云汉. 数字经济时代的产业组织创新——以数字技术驱动的产业链群生态体系为例 [J]. 改革, 2021（7）: 24 - 43.

[173] 余东华, 马路萌. 数字化转型、平台化变革与企业创新绩效——基于"技术—组织—创新"范式的分析 [J]. 改革, 2024（2）: 55 - 74.

[174] 余菲菲, 高霞. 互联背景下我国制造企业生态化转型路径的选择机制研究: 基于 fsQCA 方法 [J]. 管理工程学报, 2020, 34（5）: 32 - 41.

[175] 袁峰, 李清蕾, 邱爱莲. 基于产品数字孪生体的智能制造价值链协同研发框架构建 [J]. 科技管理研究, 2024, 44（2）: 98 - 105.

[176] 岳高峰, 刘继红, 高亮, 等. 一种基于知识图谱技术的智能制造数据标准数字化转型方法 [J]. 中国标准化, 2023（15）: 45 - 51 + 73.

[177] 岳佳彬, 胥文帅. 贫困治理参与、市场竞争与企业创新——基于上市公司参与精准扶贫视角 [J]. 财经研究, 2021, 47（9）: 123 - 138.

[178] 云乐鑫, 苏欣雨, 范雅楠. 制造业服务化情境下顾企价值共创路径——基于动态能力理论视角 [J]. 科技创业月刊, 2024, 37（1）: 172 - 180.

[179] 张国富, 张有明. CEO 政治关联与创新绩效: 促进或抑制?——基于财务绩效的中介效应 [J]. 财会通讯, 2022（10）: 48 - 53.

［180］张红娟，申宇，赵晓阳，等．企业外部研发合作、内部知识网络与创新绩效［J］．科学学研究，2022，40（4）：704 – 712.

［181］张杰，郑文平，翟福昕．竞争如何影响创新：中国情景的新检验［J］．中国工业经济，2014（11）：56 – 68.

［182］张敬文，童锦瑶．数字经济产业政策、市场竞争与企业创新质量［J］．北京工业大学学报（社会科学版），2023，23（1）：125 – 136.

［183］张琳，席酉民，杨敏．资源基础理论 60 年：国外研究脉络与热点演变［J］．经济管理，2021，43（9）：189 – 208.

［184］张璐，王岩，苏敬勤，等．资源基础理论：发展脉络、知识框架与展望［J］．南开管理评论，2023，26（4）：246 – 258.

［185］张石．探索数字化平台建设之路——从 ING 银行看商业银行数字化转型［J］．新金融，2019（5）：39 – 42.

［186］张爽，陈晨．创新氛围对创新绩效的影响——知识吸收能力的中介作用［J］．科研管理，2022，43（6）：113 – 120.

［187］张爽．数字化顾客导向、商业模式创新与企业转型绩效研究［D］．上海：华东师范大学，2022.

［188］张伟，刘英为．数字化转型对跨国企业创新绩效的机制研究［J］．宏观经济研究，2023（6）：86 – 100.

［189］张远，李焕杰．数字化转型与制造企业服务化——基于嵌入式服务化和混入式服务化的双重视角［J］．中国流通经济，2022，36（2）：90 – 106.

［190］张卓，张福君．组织创新氛围对企业新产品绩效的影响：信任的调节效应［J］．科技管理研究，2021，41（7）：102 – 109.

［191］章新蓉，张煦，李林利．智能制造业创新产出：政府补助与市场竞争是否协同助力［J］．科技进步与对策，2021，38（20）：54 – 63.

［192］赵慧娟，姜盼松，范明霞，等．数据驱动中小制造企业提升创新绩效的机理——基于扎根理论的探索性研究［J］．研究与发展管理，2021，33（3）：163 – 175.

［193］赵淑芳．组织资本与企业创新绩效——基于内在维度视角［J］．技术经济与管理研究，2021（1）：51 – 55.

［194］赵晓煜，高云飞，孙梦迪．制造企业组织柔性、动态服务创新能力与服务创新绩效［J］．科技进步与对策，2020，37（15）：62－69.

［195］赵炎，叶舟，韩笑．创新网络技术多元化、知识基础与企业创新绩效［J］．科学学研究，2022，40（9）：1698－1709.

［196］赵玉林，胡燕．战略性新兴产业创新绩效的阶段性差异——基于超效率 dea 模型［J］．财会月刊，2017（15）：70－75.

［197］郑建君，金盛华，马国义．组织创新气氛的测量及其在员工创新能力与创新绩效关系中的调节效应［J］．心理学报，2009，41（12）：1203－1214.

［198］郑帅，王海军．数字化转型何以影响枢纽企业创新绩效？——基于模块化视角的实证研究［J］．科研管理，2022，43（11）：73－82.

［199］郑小静，黄岩，李敏．行业竞争、企业策略和雇员主体性：基于互联网企业雇员加班现象的多案例研究［J］．中国人力资源开发，2021，38（11）：106－124.

［200］周代数，朱明亮．R&D 投入强度、R&D 人员规模对创新绩效的影响［J］．技术经济与管理研究，2017（5）：19－23.

［201］周江华，李纪珍，刘子諨，等．政府创新政策对企业创新绩效的影响机制［J］．技术经济，2017，36（1）：57－65.

［202］周科选，罗学强．"虚实融合"如何赋能中国制造企业高质量发展——来自制造业与互联网融合发展试点的证据［J］．企业经济，2024，43（4）：110－120.

［203］周率，尹志超，高若瑜．资本市场开放、企业创新与产品市场竞争力：基于 QFII 制度视角［J］．改革，2022（12）：119－135.

［204］朱晓琴，罗兰，关勇军，等．数字化转型、社会资本和企业创新绩效［J］．科技管理学报，2024，26（1）：77－89.

［205］朱秀梅，林晓玥，王天东．企业数字化转型战略与能力对产品服务系统的影响研究［J］．外国经济与管理，2022，44（4）：137－152.

［206］Abdul B S . The Effect of External Knowledge Sources on Organizational Innovation in Small and Medium Enterprises in Germany［J］. Business Systems Research，2021（12）.

［207］ Aboushouk M, Tamamm M . Measuring The Impact of Intellectual Capital on Travel Agencies' Innovation Performance：Evidence from E-gypt ［J］. Egypts Presidential Specialized Council for Education and Scientific Research, 2021 （2） .

［208］ Ahuma G, F R K . Technological Acquisitions and the Innovation Performance of Acquiring Firms：A Longitudinal Study ［J］. Strategic Management Journal, 2001, 22 （3）：197 – 220.

［209］ Ali M A, Hussin N, Haddad H, Al-Araj R, Abed I A. A Multidimensional View of Intellectual Capital：The Impact on Innovation Performance ［J］. Journal of Open Innovation：Technology, Market, and Complexity. 2021, 7 （4）：216.

［210］ Andreeva T, Garanina T, Sáenz, Josune, et al. Does country environment matter in the relationship between intellectual capital and innovation performance? ［J］. Journal of Business Research, 2021 （136） .

［211］ Angelo A, Barata J . Digital transformation of legionella-safe cooling towers：an ecosystem design approach ［J］. Journal of facilities management, 2022.

［212］ Ashraf H A . The Relationship Between TQM And Business Performance：The Mediating Role of Innovation Performance and Organizational Learning Culture：A Pitch ［J］. Journal of Accounting and Management Information Systems, 2021 （20） .

［213］ Astuti E S, Arifin Z, Wilopo, et al. Effects of trading partner relationships and knowledge complementarity on innovation performance ［J］. Journal of Asia business studies, 2022 （1）：16.

［214］ Austerberry D . The Case for Digital Asset Management ［M］ . 2007.

［215］ Barney J B. Strategic factor markets：Expectations, luck, and business strategy ［J］. Management science, 1986, 32 （10）：1231 – 1241.

［216］ Barney J. Firm resources and sustained competitive advantage ［J］. Journal of management, 1991, 17 （1）：99 – 120.

［217］ Barr-Pulliam D, Brown-Liburd H L, Munoko I . The effects of person-specific, task, and environmental factors on digital transformation and innovation in auditing: A review of the literature [J]. Journal of international financial management & accounting, 2022 (2): 33.

[218] Belmont D, Hade K, Sefah K. Digital Asset Performance Management—Taking Utility Asset Management to the Next Level [J]. Climate and Energy, 2020 (37).

[219] Birkinshaw J M, Mol M J. How management innovation happens [J]. MIT Sloan Management Review, 2006, 47 (4): 81−88.

[220] Blatz F, Bulander R, Dietel M. Maturity Model of Digitization for SMEs [J]. 2018: 1−9.

[221] Camisón C, Boronat M, & Villar A. Technological strategic alliances and performance: The mediating effect of knowledge-based competencies [J]. Journal of Strategic Management Education, 2010, 6 (1): 1−22.

[222] Cao Q L, Cheng Z, Mao Y J. Impact of Venture Capital Institutions' Social Networks on the Innovation Performance of Invested Companies [J]. IEEE, 2021.

[223] Cennamo C, Santaló J. Generativity Tension and Value Creation in Platform Ecosystems [J]. Organization Science, 2019, 30 (3): 617−641.

[224] Chakravarthy M E. The persistence of knowledge-based advantage: an empirical test for product performance and technological knowledge [J]. Strategic Management Journal, 2010, 23 (4): 285−305.

[225] Chang P C, Sun K, Wu T. A study on the mechanisms of strengths-based psychological climate on employee innovation performance: A moderated mediation model [J]. Chinese management studies, 2022 (2): 16.

[226] Chen H, Xing L, Zhou H. Product market competition and audit fees: evidence from an emerging market [J]. Asian Review of Accounting, 2019, ahead-of-print (ahead-of-print).

[227] Chen L, Moretto A, Jia F, et al. The role of digital transformation to

empower supply chain finance：Current research status and future re-search directions（Guest editorial）［J］. International Journal of Oper-ations & Production Management, 2021, 41（4）：277 – 288.

［228］Creazza A, Colicchia C, Spiezia S, et al. Who cares? Supply chain managers' perceptions regarding cyber supply chain risk management in the digital transformation era［J］. Supply Chain Management, 2022（1）：27.

［229］Crossan M M, Apaydin M . A Multi & imensional Framework of Or-ganizational Innovation：A Systematic Review of the Literature［J］. Journal of Management Studies, 2010, 47（6）：1154 – 1191.

［230］Csaba Makó, Péter Csizmadia, Miklós Illéssy, et al. Organizational Innovation and Knowledge Use Practice：Cross-Country Comparison［J］. Discussion Paper Series, 2011.

［231］Darmo I S, Suryana S, Furqon C, et al. The effects of entrepreneurial skills, benchmarking, and innovation performance on culinary micro-small-medium enterprises［J］. Management Science Letters, 2021（6）.

［232］Dereli, Dilara D . Innovation Management in Global Competition and Competitive Advantage［J］. Procedia-Social and Behavioral Sciences, 2015, 195（6）：1365 – 1370.

［233］Dmitrievsky A, Eremin N, Stolyarov V . Current issues and indica-tors of digital transformation of oil and gas production at the final stage of field operation［J］. SOCAR Proceedings, 2021.

［234］Do T D, Pham H A T, Thalassinos E I, et al. The Impact of Digital Transformation on Performance：Evidence from Vietnamese Commercial Banks［J］. JRFM, 2022, 15.

［235］Drucker P F. Post-Capitalist Society［M］. London：Oxford, Butter-worth Henemann, Harper Business, 1993：261 – 268.

［236］Economic C . The measurement of scientific and technological activi-ties：proposed standard practice for surveys of research and experimen-tal development［J］. 1994.

[237] Effendi M I, Widjanarko H, Sugandini D . Green Supply Chain Integration and Technology Innovation Performance in SMEs: A Case Study in Indonesia [J]. Korea Distribution Science Association, 2021 (4) .

[238] Erbay H, Yldrm N . Combined Technology Selection Model for Digital Transformation in Manufacturing: A Case Study From the Automotive Supplier Industry [J]. International Journal of Innovation and Technology Management, 2022.

[239] Fisher G, Kuratko D F, Bloodgood J M, Hornsby J S. Legitimate to whom? The challenge of audience diversity and new venture legitimacy [J]. Journal of Business Venturing, 2017, 32 (1): 52 – 71.

[240] Forgione A, Migliardo C . Panel VAR study on the effects of technical efficiency, market competition, and firm value on environmental performance [J]. Journal of Cleaner Production, 2022.

[241] Frambach R T, Schillewaert N . Organizational innovation adoption: A multi-level framework of determinants and opportunities for future research [J]. Journal of Business Research, 2002, 55 (2): 163 – 176.

[242] Frey F, Williams-Allen S, Vogl H, et al. Digital asset management-a closer look at the literature [J]. printing industry research center at rit, 2005.

[243] Furr N, Shipilov A. Digital Doesn't Have to be Disruptive: The Best Results can Come From Adaptation Rather than Reinvention [J]. Harvard Business Review, 2019 (4): 94 – 104.

[244] Gina, Colarelli, O'Connor. Market Learning and Radical Innovation: A Cross Case Comparison of Eight Radical Innovation Projects [J]. Journal of Product Innovation Management, 1998.

[245] Glor E . Toward Development of a Substantive Theory of Public Sector Organizational Innovation [J]. 2008.

[246] Godlewska M . The Impact of Interplay between Formal and Informal Institutions on Innovation Performance: Evidence from CEECs [J]. Engineering Economics, 2021, 32 (1): 15 – 26.

［247］Graesch J P, Hensel-Borner S, Henseler J. Information technology and marketing：An important partnership for decades［J］. Industrial Management and Data Systems, 2021, 121（1）：123 – 157.

［248］Green S G, Gavin M B . Assessing a multidimensional measure of radical technological innovation［J］. IEEE Transactions on Engineering Management, 1995, 42（3）：203 – 214.

［249］Gumusluoglu L, Ilsev A . Transformational Leadership and Organizational Innovation：The Roles of Internal and External Support for Innovation［J］. Journal of Product Innovation Management, 2010, 26（3）：264 – 277.

［250］Ha T X, Tran T T . The Effect of Foreign Ownership and Product Market Competition on Firm Performance：Empirical Evidence from Vietnam［J］. Korea Distribution Science Association, 2021（11）.

［251］Hervas-Oliver J L, Sempere-Ripoll F . Disentangling the influence of technological process and product innovations［J］. Journal of Business Research, 2015, 68（1）：109 – 118.

［252］Hess T, Matt C, Benlian A, Wiesboeck F. Options for formulating a DT strategy［J］. MIS Quarterly Executive, 2016, 15（2）：123 – 139.

［253］Hui L I . Research on the Transformation of Enterprises to High Quality Development Driven by Digital Economy［J］. Journal of Xi'an University of Finance and Economics, 2020.

［254］Ionascu I, Ionascu M, Nechita E, et al. Digital Transformation, Financial Performance and Sustainability：Evidence for European Union Listed Companies［J］. The Amfiteatru Economic journal, 2022（24）.

［255］Jacob A, Teuteberg F . How Social Networks Influence Organizational Innovation Adoption［M］. World Scientific Publishing Company, 2022.

［256］Jacobsson E M, Becker L, Vlad T, et al. The Impact of Market Competition on Journalistic Performance［J］. 2022.

［257］Jardak M K, Ben Hamad S . The effect of digital transformation

on firm performance: Evidence from Swedish listed companies [J].
Journal of Risk Finance, 2022, 23 (4): 329 –348.

[258] Karcheva G, Shvets N, Dalgic K, et al. Innovative approaches to
the assessment of banking competition in ukraine in terms of digital
transformation [J]. Marketing and Management of Innovations, 2021.

[259] Karimi J, Walter Z. The Role of Dynamic Capabilities in Responding
to Digital Disruption: A Factor-based Study of the Newspaper Industry
[J]. Journal of Management Information Systems, 2015 (1): 39 –81.

[260] Kim N, Atuahene-Gima K. Using exploratory and exploitative market
learning for new product development [J]. Journal of Product Innova-
tion Management, 2010, 27 (4): 519 –536.

[261] Kimberly J R, Evanisko M J. Organizational Innovation: The Influ-
ence of Individual, Organizational, and Contextual Factors on Hospital
Adoption of Technological and Administrative Innovations [J]. Acad
Manage J, 1981, 24 (4): 689 –713.

[262] Knigsgruber R, Perotti P, Schinnerl O, et al. Product Market Com-
petition and Firms' Disclosure of Cross-segment Differences in Perform-
ance [J]. Abacus, 2021.

[263] Kohli A K, Jarowski B J. Market orientation: The construct, re-
search proposition and managerial implications [J]. Journal of Market-
ing, 1990 (54): 467 –477.

[264] Kraft, C., Lindeque, J. P. and Peter, M. K. The digital transforma-
tion of Swiss small and medium-sized enterprises: Insights from digital
tool adoptionp [J]. Journal of Strategy and Management, 2022, 15
(3): 468 –494.

[265] Lanza A, Simone G, Bruno R. Resource orchestration in the context
of knowledge resources acquisition and divestment. The empirical evi-
dence from the Italian "Serie A" football [J]. European Management
Journal, 2016, 34 (2): 145 –157.

[266] Laursen K, Salter A. Open for innovation: The role of openness in

explaining innovation performance among U. K. manufacturing firms [J]. Strategic Management Journal, 2010, 27 (2): 131 – 150.

[267] Levratto N, Quignon A. Innovation Performance and the Signal Effect: Evidence from a European Program [J]. SSRN Electronic Journal, 2020 (2).

[268] Lhuillery S. The organizational practices of innovation and the performances of firms: An empirical investigation [J]. 2022.

[269] Li L, Su F, Zhang W, et al. Digital Transformation by SME Entrepreneurs: A Capability Perspective [J]. Information Systems Journal, 2018 (6): 1129 – 1157.

[270] Lin H, Qu T, Hu Y. How do organizational routines paradoxically affect organizational innovation? [J]. European Journal of Innovation Management, 2020, ahead-of-print (ahead-of-print).

[271] Liu J, Yang W, Liu W. Adaptive capacity configurations for the digital transformation: A fuzzy-set analysis of Chinese manufacturing firms [J]. Journal of organizational change management, 2021 (6): 34.

[272] Liu S M, Hu R, Kang T W. The Effects of Absorptive Capability and Innovative Culture on Innovation Performance: Evidence from Chinese High-Tech Firms [J]. Korea Distribution Science Association, 2021 (3).

[273] Liu X, Buck T. Innovation performance and channels for international technology spillovers: Evidence from Chinese high-tech industries [J]. Research Policy, 2007, 36 (3): 355 – 366.

[274] Mai N K, Do T T, Nguyen D T H. The impact of leadership competences, organizational learning and organizational innovation on business performance [J]. Business process management journal: Developing re-engineering towards integrated process management, 2022.

[275] Margiono A. Digital transformation: setting the pace [J]. Journal of Business Strategy, 2020, ahead-of-print (ahead-of-print).

[276] Mccord A. A multifaceted approach to digital asset management [J].

2022.

[277] Miao C, Coombs J E, Qian S, et al. The mediating role of entrepreneurial orientation: A meta-analysis of resource orchestration and cultural contingencies [J]. Journal of Business Research, 2017 (77).

[278] Min Y, Liao Y C, Chen Z. The side effect of business group membership: How do business group isomorphic pressures affect organizational innovation in affiliated firms? [J]. Journal of Business Research, 2022 (141).

[279] Mohammed A A. The mediating effect of organizational innovation climate on enhancing the relationship between talent development practices and organizational performance [J]. Journal of Economics and Administrative Sciences, 2021, 26 (124).

[280] Nadkarni S, Chen T, Chen J. The clock is ticking! Executive temporal depth, industry velocity, and competitive aggressiveness [J]. Strategic Management Journal, 2016, 37 (6): 1132 – 1153.

[281] Nambisan S, Lyytinen K, Majchrzak A, et al. Digital Innovation Management: Reinventing Innovation Management Research in a Digital World [J]. MIS quarterly, 2017 (1): 223 – 238.

[282] Naveed R T, Alhaidan H, Halbusi H A, et al. Do organizations really evolve The critical link between organizational culture and organizational innovation toward organizational effectiveness Pivotal role of organizational resistance [J]. Journal of Innovation & Knowledge, 2022.

[283] Ndofor H, Sirmon D G, He X. Firm resources, competitive actions and performance: Investigating a mediated model with evidence from the in-vitro diagnostics industry [J]. Southern Medical Journal, 2011, 32: 640 – 657.

[284] Org Z. A Descriptive Model of the Intra-Firm Innovation Process [J]. [2024 – 06 – 04].

[285] Org Z. Patent Statistics as Economic Indicators: A Survey [J]. [2024 – 06 – 04].

［286］ Orowski C, Cofta P, Orlowski A . The Rule-Based Model of Negentropy for Increasing the Energy Efficiency of the City's Digital Transformation Processes into a Smart City ［J］. Energies, 2022, 15.

［287］ Park S, Cho M . Did Financial Consumers Benefit from the Digital Transformation? An Empirical Investigation and a Case Study ［J］. Social Science Electronic Publishing ［2024 − 06 − 04］.

［288］ Patel K, McCarthy M P. Digital transformation：The essentials of Ebusiness leadership ［M］. McGraw-Hill Professional, 2000.

［289］ Penrose, E. T. The Theory of the Growth of the Firm ［M］. New York：John Wiley, 1959.

［290］ Petersen M, Rajan R . The Effect of Credit Market Competition on Lending Relationships ［J］. Quarterly Journal of Economics, 1995, 110 （2）：407 − 443.

［291］ Pierce D, Sherman G . Using Data Analytics to Create a Digital Strategy That Drives Engagement and Views on Social Media ［J］. 2020.

［292］ Prajogo D I, Ahmed P K . Relationships Between Innovation Stimulus, Innovation Capacity, and Innovation Performance ［J］. R&D Management, 2006, 36 （5）.

［293］ Richard L. Daft. A Dual-Core Model of Organizational Innovation ［J］. Academy of Management Journal, 1978, 21 （2）：193 − 210.

［294］ Sanchez M A. Framework to assess organizational readiness for digital transformation ［J］. Dimensión Empresarial, 2017, 15 （2）：27 − 40.

［295］ Sarbu M . The impact of industry 4. 0 on innovation performance：Insights from German manufacturing and service firms ［J］. Technovation：The International Journal of Technological Innovation, Entrepreneurship and Technology Management, 2022：113.

［296］ Schallmo D, Williams C A, Boardman L. Digital transformation of business models—Best practice, enablers, and roadmap ［J］. International Journal of Innovation Management, 2017, 21 （8）：119 − 138.

［297］ Scherer F, Ross D. Industrial Market Structure and Economic Performance [M]. Houghton Mifflin: Boston, MA. 1990.

[298] Stoyanov S P, Woodward R. Simple Word of Mouth or Complex Resource Orchestration for Overcoming Liabilities of Foreignness [J]. Academy of Management Annual Meeting Proceedings, 2014, 2014 (1): 10690.

[299] Subramaniam M, Youndt M A. The Influence of Intellectual Capital on the Types of Innovative Capabilities [J]. Academy of Management, 2005 (3).

[300] Sun K. Digital Asset Valuation: A Study on Domain Names, Email Addresses, and NFTs [J]. 2022.

[301] Tahmooresnejad, L., & Turkina, E. Female inventors over time: Factors affecting female inventors' innovation performance [J]. Journal of Informetrics, 2022 (16): 101256.

[302] Tang J. Competition and innovation behaviour [J]. Research Policy, 2006, 35 (1): 68 – 82.

[303] Teece D J, Pisano G, Shuen A. Dynamic capabilities and strategic management [J]. Strategic Management, 1997, 18 (7): 509 – 533.

[304] Teece D J. Business models and dynamic capabilities [J]. Long Range Planning, 2018, 51 (1): 40 – 49.

[305] Teece D. The dynamic capabilities of firms: An introduction [J]. Industrial and Corporate, 1994, 3 (3): 537 – 556.

[306] Walker R D. Patents as Scientific and Technical Literature [M]. Metuchen, NJ: Scarecrow Press, 1995.

[307] Wang F R, Chen J, Wang Y D, et al. The effect of R&D novelty and openness decision on firms' catch-up performance: Empirical evidence from China [J]. Technovation, 2014, 34 (1): 21 – 30.

[308] Wang Hecheng, Feng Junzheng, Zhang Hui, et al. The effect of digital transformation strategy on performance: The moderating role of cognitive conflict [J]. International Journal of Conflict Management (Emerald), 2020 (3): 441 – 462.

[309] Wang Y, Yuan C, Zhang S, et al. Moderation in all things: Industry-university-research alliance portfolio configuration and SMEs' innovation performance in China [J]. Journal of Small Business Management, 2022 (60).

[310] Wernerfelt B. A resource-based view of the firm [J]. Strategic Management Journal, 1984, 5 (2).

[311] William L, Andrea P. Dynamic capabilities and sustained innovation: Strategic control and financial commitment at Rolls-Royce PLC [J]. Industrial and Corporate Change (3): 501 – 542 [2024 – 06 – 04].

[312] Xiaosong (David) Peng; Ye, Yuan; Raymond Lei Fan; Xin (David) Ding; Chandrasekaran, Aravind [J]. International Journal of Operations & Production Management; Bradford, 2022, 42, (5): 577 – 602.

[313] Xue-Lin H, Xiao J, University J. The Enhancement Strategy of Internet User Viscosity Based on Incentive Theory [J]. Packaging Engineering, 2014.

[314] YahiaMarzouk Y, Jin J. "Linking environmental scanning and organizational innovation with competitive advantage: Evidence from Egyptian SMEs" [J], Management & Sustainability: An Arab Review, 1 (2): 170 – 195.

[315] Ye K, Shen L, Lu W. A discriminant model for measuring competition intensity of construction market [J]. Engineering Construction & Architectural Management, 2014, 21 (2): 152 – 169 (18).

[316] Zhang S, Li J, Li N. Partner technological heterogeneity and innovation performance of R&D alliances [J]. R&D Management, 2021.

[317] Zhang Y, Li H. Innovation search of new ventures in a technology cluster: The role of ties with service intermediaries [J]. Strategic Management Journal, 2010, 31 (1): 88 – 109.

[318] Zhao Y, Xia S, Zhang J, et al. Effect of the Digital Transformation of Power System on Renewable Energy Utilization in China [J]. IEEE Access, 2021.

［319］ Zhao, Jing, Zhang, et al. Leveraging e-business process for business value: A layered structure perspective ［J］. Information & Management, 2015.

［320］ Zhenhong X, Rui T, Jianbang S, et al. Big Data-IoT: An Analysis of Multidimensional Proximity Implications on Green Innovation Performance—An Empirical Study of the Data from the Chinese Power Industry ［J］. Hindawi Limited, 2021.

［321］ Zhou Z, Zhang T, Chen J, et al. Help or resistance? Product market competition and water information disclosure: Evidence from China ［J］. Sustainability Accounting, Management and Policy Journal, 2019, 11 (5): 933 – 962.

［322］ Zhuang L, Williamson D, Carter M . Innovate or liquidate-are all organisations convinced? A two-phased study into the innovation process ［J］. Management Decision, 1999, 37 (1): 57 – 71.

附录1 结构式访谈

访谈说明

本书的案例研究中，为了进一步探讨数字化转型和组织创新能力对创新绩效的影响，笔者分别对宁德时代、香江科技、川开电气这三家不同行业的智能制造企业的相关人员进行了结构式访谈。访谈的核心目标是深入了解各企业在数字化转型中的主要做法、所遇挑战及应对策略，同时探讨组织创新能力在这一过程中的作用。访谈的对象主要是这些企业的管理层及关键技术人员，共计九位受访者，每家企业的访谈时长约为三小时，确保有充足的时间进行深入交流。

在访谈内容上，话题主要围绕智能制造企业的数字化转型现状、组织创新能力的展现，以及这两者如何共同作用于企业的创新绩效，又获得了何种成效。为获取更为详尽的信息，笔者准备了一系列结构化的问题，并鼓励受访者分享其所在企业在数字化转型与组织创新过程中的具体实践、所面临的挑战及应对策略。在整个访谈过程中，笔者始终严格遵守研究伦理，确保每位受访者的隐私安全。所有访谈资料均受到严格保护，并且访谈数据仅用于本次研究。

访谈结束后，笔者对收集到的数据进行了详细的整理和分析，包括转录访谈录音、提取关键信息、归类整理，并通过定性分析方法，深入探讨数字化转型与组织创新能力之间的关系，以及它们如何共同作用于企业的创新绩效。

访谈内容

开篇：

您好！

非常感谢您抽出宝贵的时间接受我们的访谈，我们正在进行一项关于智能制造企业数字化转型与组织创新能力的研究。今天希望与您深入交流，了解贵企业在这一领域的实践和看法。

第一部分　公司概况

首先，请您简要介绍一下您企业的基本情况，包括企业规模、主营业务以及近年来的发展重点。

第二部分　重点问题

（1）数字化转型

Q1：请问贵企业如何看待数字化转型？

Q2：对于智能制造企业，您认为数字化转型的重要性体现在哪些方面？

Q3：贵公司在进行数字化转型时采取了哪些关键措施？是否能分享一些具体案例呢？

Q4：在推进数字化转型的过程中，公司遇到了哪些挑战，又是如何应对这些挑战的？

（2）组织创新能力

Q5：您如何理解组织创新能力？

Q6：贵公司是如何培养和展示这种创新能力的？

Q7：是否可以分享一些具体的创新案例及实施成效，用来说明这些创新如何提升了公司的竞争力和市场地位。

Q8：在您看来，哪些因素是影响组织创新能力的关键？

（3）创新绩效评估

Q9：在数字化和创新能力提升之后，公司在创新绩效方面有哪些显著的变化？

Q10：您认为这些变化对企业的长期发展有何影响？

Q11：在未来的发展中，贵企业计划如何进一步深化数字化转型和提升组织创新能力？

Q12：您还有什么其他的感悟或建议想要分享吗？

第三部分　结语

非常感谢您的详细分享，您的见解对我们的研究非常有价值。祝您和贵企业未来一切顺利。

附录2　调查问卷

问卷发放说明

本书主要研究智能制造企业的数字化转型问题，因此主要选择数字化水平较高的北京、长三角和珠三角地区的省份，选取新材料、新能源、通信设备、智能家电和汽车制造等行业的智能制造企业。问卷发放对象是智能制造企业的中高层管理者，要求是企业的战略管理者或企业负责财务的管理者，保证问卷的填写者对企业经营状况有准确的认识和把握。

问卷的发放渠道主要有两个：一是本人向符合条件的企业直接发放问卷；二是利用行业人脉、朋友和同学的关系网络，通过网络发放问卷，利用问卷星调查生成问卷和问卷填写链接，将问卷填写链接发给符合条件的智能制造企业，填写者通过微信直接在网上进行问卷填写，提交后问卷结果会直接保存在服务器中，方便进行数据处理。为保证数据质量和有效性，两个发放渠道共需发放问卷500份。

问卷内容

尊敬的先生/女士：

您好！

非常感谢您参加此次问卷调查，本次调查主题为《智能制造企业数字化转型、组织创新能力对创新绩效的影响》，需要搜集信息进行数据分析，根据研究结果提出智能制造企业提升创新绩效的相关建议。本人郑重承诺此次问卷调查的所有资料仅用于学术研究，不涉及任何商业用途，对贵公司的信息会严格保密，不向任何机构和人员透露。

您的回答是本次研究的重要依据，请您根据公司的实际情况回答下列问题，感谢您的支持和参与！

第一部分　基本信息

本部分主要了解贵公司的基本情况，配合进行学术研究，数据绝不对外公开，请按实际情况填写，请勾选或填写相应的选项。

1. 您在公司的职位是［单选题］

○基层管理者　　　　○中层管理者　　　　○高层管理者
○普通职员　　　　　○其他

2. 贵公司主营业务所属行业是［单选题］

○新材料　　　　　　○新能源　　　　　　○通信设备
○智能家电　　　　　○汽车制造　　　　　○其他

3. 贵公司所在的省份_____［填空题］

4. 贵公司的经营年限为［单选题］

○0～2 年　　　　　　　　○3～5 年
○6～10 年　　　　　　　 ○10 年以上

5. 目前贵公司的员工人数为［单选题］

○20 人以下　　　　○20～300 人　　　　○300～1000 人
○1000 人以上

6. 贵公司的年度营业收入为［单选题］

○300 万元以下　　　　　○300 万～2000 万元
○2000 万～4 亿元　　　　○4 亿元以上

第二部分　数字化转型相关问题

数字化转型主要分为三个维度：战略转型、数字资产和数字化平台，并在每一个维度下设置了问题。请您根据公司的实际情况，用数字表示程度，1 代表很低，2 代表较低，3 代表一般，4 代表较高，5 代表很高。

1. 战略转型

编号	问题	1	2	3	4	5
ST1	数字技术对公司战略目标的影响					
ST2	公司利用数字技术创造的新业务机会的数量					
ST3	公司利用数字技术对现有业务活动的改进					
ST4	公司利用数字技术开发新的产品分销方式					
ST5	公司实施数字化后的新运营活动与现有组织结构的匹配程度					

2. 数字资产

编号	问题	1	2	3	4	5
DA1	数据存储、数据分析和数据评估功能在生产流程中的应用					
DA2	公司生产系统、通用组件和模块化生产的灵活性					
DA3	公司拥有的网站、邮件、电话、数据库、自动信息交互等企业通信手段的数量					
DA4	公司利用 RFID 等技术将产品数据化，对产品信息和状态监控的实时性					
DA5	员工与生产设备之间借助监控器、AR 技术、手机、设备显示仪等方式实现人机交互的程度					
DA6	生产设备通过现场总线接口或工业以太网接口接入网络，实现机机交互的程度					

3. 数字化平台

编号	问题	1	2	3	4	5
DP1	公司在内外部建立员工间知识共享平台和制度支持的力度					
DP2	公司与外部合作伙伴的连接与合作程度					
DP3	公司在推广和宣传数字化技能与管理知识方面的投入					
DP4	公司的数字平台对外部参与主体的吸引力					
DP5	公司的数字平台收集、传输、集成和处理数据的便利性					

第三部分　组织创新能力相关问题

组织创新能力主要分为两个维度：组织创新和创新机制，并在每一个维度下设置了问题。请您根据公司的实际情况，用数字表示程度，1代表很低，2代表较低，3代表一般，4代表较高，5代表很高。

1. 组织创新

编号	问题	1	2	3	4	5
OI1	公司根据实际情况调整各部门的职权分工的频数					
OI2	公司根据实际情况调整员工职权的频数					
OI3	公司主管为整合组织成员的力量完成任务，对管理手段进行创新的程度					
OI4	公司为健全公司管理制度体系，对管理制度进行创新					
OI5	公司对组织结构要素进行调整的程度					

2. 创新机制

编号	问题	1	2	3	4	5
IM1	公司实施改善组织绩效新政策的积极性					
IM2	公司为加强监督和管理，对财务控制系统进行创新					
IM3	公司为迎合顾客的需求，对服务项目和服务方式进行改进的力度					
IM4	公司为加速目标的实现，对工作流程进行创新的程度					
IM5	公司调整业务运营规则与流程的频数					

第四部分　市场竞争强度相关问题

市场竞争强度主要分为两个维度：行业竞争和用户黏度，并在每一个维度下设置了问题。请您根据公司的实际情况，用数字表示程度，1

代表很低，2代表较低，3代表一般，4代表较高，5代表很高。

1. 行业竞争

编号	问题	1	2	3	4	5
IC1	公司所属行业竞争激烈程度					
IC2	公司所属行业中产品的模仿难度					
IC3	公司面临的竞争者的实力					
IC4	公司所属行业竞争手段的强度					
IC5	公司所属行业价格战的发生频率					

2. 用户黏度

编号	问题	1	2	3	4	5
UV1	本公司产品的复购率					
UV2	当用户需要在多种同类型产品中做出选择时，本公司产品的优先级					
UV3	本公司产品的替代性					
UV4	用户向他人推荐本公司产品的意愿					
UV5	用户持续购买本公司产品的意愿					

第五部分　创新绩效相关问题

创新绩效主要分为三个维度：管理创新、经营效率创新和市场创新，并在每一个维度下设置了问题。请您根据公司的实际情况，用数字表示程度，1代表很低，2代表较低，3代表一般，4代表较高，5代表很高。

1. 管理创新

编号	问题	1	2	3	4	5
MI1	公司的管理方式激励员工及提高员工士气的效果					
MI2	公司员工选聘制度的效果					
MI3	公司制订绩效评估方案来评估员工对公司实际贡献的效果					
MI4	公司薪酬福利制度激励员工的效果					
MI5	按公司生产作业制度落实的任务指标与目标的差距					

2. 经营效率创新

编号	问题	1	2	3	4	5
BI1	创新活动对公司产品生产成本的影响					
BI2	创新活动对公司资金周转速度的提高					
BI3	公司的资产周转率（销售收入除以公司资产总额，资金周转率一般为 0.8 左右）					
BI4	公司的销售净利率（净利润除以销售收入，销售净利率一般为 20%～30%）					
BI5	公司的资产利润率（净利润除以公司资产总额，资产利润率一般为 5%～10%）					

3. 市场创新

编号	问题	1	2	3	4	5
MK1	公司开发新产品的速度					
MK2	公司开发新产品的成功率					
MK3	公司新产品进入市场的速度					
MK4	公司新产品销售额占总销售额的比重					
MK5	公司向市场投放的新产品种类					

本次调查到此结束，再次感谢您的支持！祝贵公司事业蒸蒸日上，财源广进！